よくわかる！
マクロ経済学入門

Macroeconomics : An Introductory Textbook

石橋春男
Haruo Ishibashi

橋口宏行
Hiroyuki Hashiguchi

河口雄司
Yuji Kawaguchi

慶應義塾大学出版会

はじめに

マクロ経済学とは何か。

私たちの多くが毎月の月給で生活している。月給の範囲内で生活ができれば、貯蓄ができ、貯蓄が増えるとその人たちの生活は豊かになる。ところで、誰もが貯蓄を増やしたとしたら、景気は良くなり、失業者は減少するのだろうか。答えは「ノー」である。

なぜ人々の節約を重視した生活が、景気を良くすることに結びつかないのであろうか。

貯蓄を行うということは、見方を変えれば消費を減らすことである。人々が消費を減らせば、商品の売上は落ちる。商品の売上が落ちれば、企業の生産量は減少する。企業が生産量を減少させれば、企業は労働者を雇わないし、土地も利用しない、お金の借入れも減らす。

すると、失業者は増加し、賃金は低下、地代も下がり、利子も減る。誰も彼も所得が減少するのである。人々が貯蓄を増やせば景気が良くなったり、失業者がいなくなったりするという考え方とはまったく逆の結果を導くことになる。こうしたメカニズムを明らかにする学問こそ、マクロ経済学である。

マクロ経済学で何を学ぶか。

たった5つの物差しを身につければ、マクロ経済学をマスターできる。では、経済状態を測る物差しとは何であろうか。経済の強さを測る経済成長率、

商品の価格の変化を測る物価指数、働く意思があるのに仕事に就けない人の割合を測る失業率、お金の価値を測る金利、円と外国通貨の交換比率を測る為替レートがそれである。これらの物差しを正確に知り、それらの相互の関係を把握する。

これらの物差しの見方が修得できれば、経済の仕組みが鮮明にわかってくる。たとえば、金利が下がると、人々は住宅を新築したり、マンションを購入したりする。自動車も購入する。大型家具も購入する。企業は、銀行から資金を借り入れて工場の建設や機械の購入に利用するだろう。このように、お金の価値を測る物差しである金利の見方がわかれば、消費者、企業、政府、金融機関が考え方や行動を変えていることがみえてくる。つまり、マクロ経済学は経済全体の動きを捉え、経済に何らかの変化が起きたときにその影響はどうなるのかを学習する学問なのである。これがマクロ経済学を学ぶ目的である。

本書の特徴とは何か。

- 本書は、初めてマクロ経済学を学ぶ学生や社会人のために書かれたものである。しかし、マクロ経済学の水準を落としているわけではない。むしろ、グローバル・スタンダードを満たしたテキストである。
- 本書の第1部は、ケインズ経済学の枠組みを初心者のためにできるかぎり単純化して説明している。さらに、数値例を使って簡単な計算を行いながら学習効果が上がるように工夫している。
- 第2部では、戦後から現代までの70年間の日本経済の軌跡をまとめてある。そこでは、経済の実際を学びながら、経済の理論と実際とがどのようにかかわっているかを明らかにしている。

最後に、本書をあえて2部構成にしたのは、マクロ経済学のテキストの新機軸に挑戦したためである。このような意図を汲み取っていただき、出版の機会を与えてくださった慶應義塾大学出版会ならびに木内鉄也氏に心から感謝申し上げる。

平成 27 年 3 月
石橋　春男
橋口　宏行
河口　雄司

目　次

はじめに　*iii*

序　章　マクロ経済学　*1*
　1　経済学の歴史　*2*
　2　マクロ経済学の需要と供給　*5*

第 1 部　マクロ経済学の枠組み

第 1 章　国内総生産　*11*
　1　付加価値　*11*
　2　GDP と GNP　*12*
　3　GDP の算出　*13*
　4　三面等価の原則　*16*
　5　経済成長率　*19*

第2章 消費 25
　　1　消費とは　25
　　2　消費関数（ケインズ型）　26
　　3　その他の消費関数　29
　　4　貯蓄　31

第3章 投資 35
　　1　投資とは　36
　　2　資本の限界効率　37
　　3　投資乗数　39

第4章 政府支出 43
　　1　政府支出と減税　43
　　2　景気のコントロール　45
　　3　財政政策の効果　46

第5章 海外部門 51
　　1　輸出と輸入　51
　　2　国際収支統計　52
　　3　貿易乗数と輸入誘発効果　57
　　4　為替レート　59

第6章 貨幣市場と金融政策 63
　　1　貨幣需要と資金循環　63
　　2　貨幣需要　65
　　3　貨幣供給　68
　　4　金融政策　68

第2部　戦後日本のマクロ経済

第7章　景気循環と経済成長　*73*
 1　高度経済成長期　*74*
 2　景気循環の理論と実際　*76*
 3　景気動向指数　*86*

第8章　物　価　*89*
 1　物価指数　*89*
 2　インフレと失業率　*93*
 3　石油危機とスタグフレーション　*97*

第9章　為替レートと貿易　*101*
 1　為替レート　*101*
 2　為替レートの決定理論　*104*
 3　為替レートの変動の影響　*105*

第10章　金融政策の実際　*111*
 1　バブル景気　*111*
 2　貨幣供給の仕組み　*113*
 3　金融政策　*116*
 4　物価とマネーストック　*119*
 5　バブルの崩壊　*121*

第11章　失　業　*125*

　　1　デフレの時代　*125*
　　2　失業の種類　*128*
　　3　非自発的失業のメカニズム　*129*

第12章　財政政策　*131*

　　1　財政の役割　*131*
　　2　財政政策の効果の低減　*134*
　　3　財政収支のアンバランス　*135*

終　章　日本のマクロ経済の展望と課題　*139*

参考文献　*145*
索　引　*147*

序　章

マクロ経済学

　私たちは、経済と密接にかかわっており、経済の影響を受けながら生活している。経済の情勢が良くなれば生活も豊かになるが、悪くなれば生活は苦しくなる。たとえば、金利や賃金、マンションの価格は、経済の動向から大きく影響を受ける事例である。住宅ローンを借り入れるときの経済情勢によって、金利負担が軽くなる人や金利の負担が重くなる人がいる。

　経済情勢は、景気と言い換えることができる。「景気が良い」、それは生産が増加して人々の所得も増加している状態である。逆に「景気が悪い」、それは生産が増えず人々の所得も増えない（減少していく）状態である。

　産業革命以前の社会では、景気の悪化よりも天候不順のほうが人々の生活に影響を与えた。どの国も国民のほとんどが農業で食料を生産する仕事をしていた。もし、景気が悪くなっても、自分で作った農作物を食べれば生きていくことができたため、景気の影響は今ほど大きくはなかった。

　しかし、現代は分業の時代である。現在において農業などの第一次産業に従事する人々は少なく、大多数は食料の生産に直接従事していない。自分の仕事で稼いだ収入で、衣食住に必要な財・サービスを購入して暮らしている。もし、失業して収入を失えば、贅沢品どころか生存に必要な食料まで買えなくなってしまう[1]。

　景気の変動をなるべく小さくし、景気の良い状態（好況）をできるだけ長引かせ、景気の悪い状態（不況）をできるだけ短くすることが重要である。

そのためには、まず景気の動向を把握しなければならない。景気の動向を把握するには、一国の経済活動全体をみることが必要になる。

マクロ経済学は、一国全体の経済状態を把握し、景気をコントロールする方法を研究する。景気が悪化したときに、どうすれば景気を回復させることができるのか、景気が過熱したときにどうやって経済をコントロールするのか、こうしたことについて分析する学問である。

1 経済学の歴史

まず、マクロ経済学がどのようにして誕生したか、マクロ経済学の誕生までの歴史を振り返ってみる。

1.1 古典派経済学

現代において主流となっている経済学は、アダム・スミス[2]によって創始された。アダム・スミスは主著『国富論』において、経済は、市場とそこで形成される価格の調整機能（みえざる手）に任せるべきであり、政府は、なるべく市場に介入すべきではないと考える、いわゆるレッセフェール[3]（自由放任主義：政府が企業や個人の経済活動に干渉せず、市場に任せること）を主張した。スミスとその後継者たちよって発展した経済学は、古典派経済学とよばれる。

---

1) 失業は、収入を失うことだけではない。「人のプライドまで喪失させ、家族の崩壊まで引き起こす原因となり、社会不安を引き起こす」と、ジャネット・イエレン（1946年～。アメリカの経済学者。2014年からFRB（アメリカの中央銀行）議長を務める）は失業の深刻さを強調している。

2) アダム・スミス（1723年～1790年）。スコットランドの経済学者。主著は『国富論（諸国民の富の性質と原因の研究）』。現代における経済学の礎を築いたのはアダム・スミスであり経済学の父ともいわれる。

3) ただし、市場のメカニズムが働かない状態が存在することを認め、そのケースでは政府の経済への介入を認めている。政府の主な役割とは国防と治安維持や消防などであり、その国家観は夜警国家といわれた。

古典派経済学が発展していった時代のイギリスは、世界で初めて産業革命を成功させ工業化を達成し、世界のリーダーとなっていた。日本を含め遅れて発展していった諸国は、イギリスの経済体制を目標としたことから、イギリスの古典派経済学が世界の主流となった。

1.2 新古典派経済学

1870年代の、ローザンヌ大学のワルラスらによる限界革命[4]以降の経済学を、新古典派経済学という。ワルラス[5]は、経済分析に数学的手法を積極的に活用し、数理経済学[6]の父といわれる。それまで哲学的であった経済学が、自然科学のように数学で理論武装され、社会科学としての姿を現した。その後、新古典派経済学は、ワルラスの後継者であるイタリアのパレート[7]や、イギリスのマーシャル[8]たちによって発展していった。ちなみに、マーシャルによってまとめられた経済学が、現代ではミクロ経済学[9]とよばれている。

---

[4] それまで商品の価値は、商品を生産するために投下された労働量によって決まるという労働価値説が主流であった。それに対して、商品の価値は、商品を消費したときの消費者の効用（満足度）の限界値によって決まるという効用価値説が主流となった。これを限界革命という。それ以降、経済学に限界という概念が導入され、数学的に論証することができるようになった。

[5] レオン・ワルラス（1838年〜1913年）。フランス生まれ。スイスのローザンヌ大学教授であった。シュンペーター（⇒第7章2.1）はワルラスのことを「すべての経済学者のなかで最も偉大」と評している。経済分析に数学的手法を積極的に活用するなど、経済学に限界革命を起こした。

[6] 経済現象に対して数理モデルを用いて数学的に解析し、説明する経済学の分野をさす。19世紀において、アントワーヌ・オーギュスタン・クールノー（仏1801年〜1877年）、ワルラスやパレートらにより数学の経済学への応用が試みられた。

[7] ヴィルフレド・パレート（1848年〜1923年）。パリで生まれたイタリア人の技師、経済学者、社会学者、哲学者。1893年にワルラスの後任としてローザンヌ大学の経済学教授に任命され、一般均衡理論の発展に貢献した。また、社会学者としても知られている。

[8] アルフレッド・マーシャル（1842年〜1924年）。新古典派経済学を代表するイギリスの経済学者。ケンブリッジ大学教授を務め、ケンブリッジ学派とよばれる学派を形成した。主著は『経済学原理』。ケインズやアーサー・セシル・ピグーの師匠でもある。

1.3 マクロ経済学

1930年代に起きた世界大恐慌を経て、ケインズは、世界中が不景気となり失業者が急増したときに、どうしたら景気を回復させ失業者を減らすことができるのかを研究し、政府が市場へ介入することが重要であると主張した。

ブラックサーズデー　1929年10月24日、アメリカのニューヨーク株式市場において株価が大暴落した（その日が木曜日だったことから「暗黒の木曜日」とよばれている）。投資家たちは、そのまま株を持ち続けていると大きな損失が発生するとの不安から、28日そして29日にも株を売り、株式市場の大暴落が連続して発生した。

株価の暴落は、銀行を経営破綻に追い込んだ。銀行へ預金をしていた人々は、銀行が破綻して預金を失うことを恐れ、われさきにと預金を引き出したため、銀行が次々と破綻し、金融危機となったのである。銀行からの借入れができなくなった企業も次々と倒産に追い込まれ、アメリカの景気が急激に悪化していった。

経済学の限界　当時のアメリカ大統領ハーバート・フーバーは、可能なかぎり、政府は市場に介入せず、市場のことは市場に任せるべきだとの考えをもっており[10]、景気の悪化は一時的なものですぐに回復すると考えていた。政府が市場に介入しなかったこともあり、景気はどんどん悪化し、失業者が街にあふれ失業率は25%にものぼった[11]。

---

9)　ミクロ経済学とは、市場（経済）において経済主体（消費者、企業など）が、どのように行動することが最も効率的か（消費者ならば限られた予算の範囲内で満足度を、企業ならば利潤を極大化するためにはどう行動すべきか）、限られた資源を有効利用（最適資源配分）できるかを分析する学問である。

10)　当時の経済学の考えでは、価格の調整によって需要と供給は一致するため、不景気は一時的な経済現象にすぎない。つまり、価格が下落すると新たな買い手が現れるので、価格は上昇していく。このように価格メカニズムが働くことで需要と供給は調整されるため、市場に任せれば自然に景気は回復すると考えられていた。

第一次世界大戦（1914年〜1919年）以降、イギリスに代わり、世界最大の経済大国となっていたアメリカの大不況は、全世界へと広がり、世界大恐慌へと発展していった[12]。

マクロ経済学の誕生　なぜ世界大恐慌が回復しないのか、どうしたら景気が回復し、失業を減らせるのか。それまでの経済学では解決手段を見いだせなかった。

1936年、ケインズ[13]が主著『雇用、利子および貨幣の一般理論』を出版し、その著書のなかで、それまでの経済学ではレッセフェールが望ましいと考えていたが、政府の財政政策と中央銀行の金融政策によって景気や物価を安定させ失業率を低下させることができると、政府の積極的な市場介入を主張した。

そのためには、経済全体を把握することが重要になり、経済全体を分析する学問であるマクロ経済学が誕生することになる。

2　マクロ経済学の需要と供給

経済全体を把握するとは、どういうことなのだろうか。そのことについてごく簡単にみてみよう。

---

11)　当時の世相は、子どもを主役として人気となったミュージカル『アニー』で描かれている。
12)　日本も影響を受け、昭和恐慌といわれる深刻なデフレ（⇒第8章2.1）となった。その世相は、世界的な人気ドラマ『おしん』に描かれている。また、この恐慌が、後に日本を戦争へと追い込んだ原因であるという説がある。
13)　ジョン・メイナード・ケインズ（1883年〜1946年）。マクロ経済学の概念を構築したイギリスの経済学者。ケンブリッジ大学を卒業後、28歳の若さで『エコノミック・ジャーナル』編集長に就任した。

2.1 総需要と総供給

ミクロ経済学では、ある商品の需要と供給の大きさによって、その商品の価格と取引量が決定されると考え、市場における個々の商品の需要と供給に注目していた。

しかし、マクロ経済学では、経済全体において取り扱われる財やサービスの総合計である総需要と総供給に注目した。つまり、総需要と総供給により、物価と総取引量が決定されるのである。

総需要 需要とは財やサービスに対する欲求のことであるが、それらの購入量や購入額を表すときにも用いられている。そこで、経済全体の財やサービスの購入量や購入額の合計を総需要（Aggregate Demand）と表すことができる。

総需要は、国内の人々の需要である内需と、外国から国内の財・サービスへの需要である外需に分かれ、内需は、消費（C：Consumption）と投資（I：Investment）、そして政府支出（G：Government）からなる。

一方、外需は輸出（EX：Export）と輸入（IM：Import）からなる。

$$\begin{aligned}総需要 &= 内需 + 外需 \\ &= 消費(C) + 投資(I) + 政府支出(G) + 輸出(EX) - 輸入(IM)\end{aligned}$$

消費は、一国経済全体における消費支出額の合計である。消費者は、所得が増えれば（または将来、増えると予想すれば）、財・サービスの購入量を増やす。そのため所得が増えると消費も増える。消費の増加が期待できれば、企業は売上が増えるチャンスとなるため生産を増やす。しかし、企業が生産を増やすためには、工場を建設したり、機械を購入したり、原材料の仕入れを増やさなければならない。企業が生産を増やすために行うこれらの行為を投資という。消費が増加する（と予想される）と、企業は投資を増やす。企業が生産を増加させるためには、投資を増やすだけではなく、新しく従業員を雇用するなどしなければならない。よって、生産が増加すると人々の所得

が増える。

　お金を出して財・サービスを買うという意味では、政府が行う公共投資も同じであり、これは政府支出という。また、国単位でみた場合、外国人や外国企業が国内の財・サービスを購入する外需（海外需要）が輸出となる。これに対して外国の財・サービスを購入する輸入が増加すると、国内の需要が減少することを意味するので、総需要（外需）はマイナスとなる。

総供給　販売のために商品を市場に出すことを供給というが、一国の財・サービスの供給の合計が総供給（Aggregate Supply）である。つまり、一国の生産量や生産額を表すときにも用いられる概念が総供給である。

　なお、総供給は企業の投資が積み重なり生産設備が増加することや、人口の増加、さらに技術進歩などによって増加する。

2.2　有効需要の原理

　総需要と総供給は、実際の市場において完全に一致することはない。市場には、財・サービスの売れ残りがあったり、ときには財・サービスが不足したりする。

　ケインズは、総需要と総供給の関係において、有効需要の原理が働くとして、総需要を大きくすることが重要であると考えた。有効需要の原理とは、総需要の大きさによって、経済全体の所得や雇用などの経済の規模が決まるという考え方である。

　たとえば、総供給に対して総需要が上回れば、市場に財・サービスが不足していることになる。そこで企業は、投資を増やして生産活動を活発にさせ財・サービスの供給（総供給）を増加させる。逆に、総供給に対して総需要が少なければ、売れ残りがある。この場合には、企業は生産量を抑えるなどの対策を講じることから、総供給は減少する。

　ケインズは、世界大恐慌の原因は総需要の不足にあるとした。そこで、総需要を増加させるために、政府が積極的に公共投資などの政府支出を増やす

財政政策を行うことを主張したのである[14]。

　有効需要の原理が示唆していることは、「需要がそれ自らの供給を創造する」の言葉に代表されるように、需要が供給を上回ることで供給は増加し、需要が少なくなれば供給は増加しないということである。しかし、ケインズが有効需要の原理を提唱するまでは、経済学においては「セイの法則」が常識であった。

　セイの法則は、「供給はそれ自らの需要を創造する」という言葉に示されるように、財を供給すれば誰かが購入するということを表している。たとえば、ある財を10個供給したとして7個しか売れなかったとしたら3個が市場に余ることになるが、その場合、その財の価格が下がることで、買い手が現れるために残りの3個は売れるのである。つまり、価格調整機能によって、「見えざる手」が働き需要と供給は一致することになる。

　セイの法則では、たとえ一時的に不況になったとしても時間が経てば解消されることになるが、1929年の大恐慌では時間が経っても解消されなかった。ここに疑問をもったのがケインズで、「長期的にみれば、われわれはすべて死んでいる」と述べている。つまり、市場に任せておくだけでは、需要と供給が一致するのにかなりの長い時間が必要であるため、市場原理だけでは不況は解消されないのである。

14）世界大恐慌の発生以前の経済学では、原則として政府が経済へ介入することは望ましくないと考えられていたが、それとは正反対の主張であった。

第 1 部　マクロ経済学の枠組み

マクロ経済学が分析対象としている世界は、現実経済で起こる現象そのものである。現実経済では、ヒト、モノ、カネが複雑に絡み、さまざまな問題が生じている。現実経済に存在する問題は、経済活動に大きな影響を与えているが、それを正確に理解することはたやすいことではない。

　現実経済に起こる課題を正しく理解するためには、私たちの暮らす経済社会の基本的な仕組みを学習し、一国の経済全体を総合的な視点からみることが求められる。そこで、第1部では一国の経済がどのように構成されているのか、また経済を成長させるためにはどのような政策が必要なのか、などについて学習する。

第1章

国内総生産

　国内総生産（GDP：Gross Domestic Product）とは、国内で各経済主体が1年間[1]に新たに生み出した財・サービス（付加価値）の合計であり、一国の家計簿である国民経済計算[2]で算出される。

　景気の動向を把握する、また人々が豊かになっているのかどうかをみるには、何らかの数値をみて判断しなければならない。その代表的な指標が国内総生産である。GDPの数値の大きさで国の経済規模がわかる。

1　付加価値

　GDPは、生産額の合計（総生産額）ではない。1年間に新たに生み出された価値（付加価値）の合計である。その値は、総生産額から原材料費などにかかった費用（中間生産物額）を差し引いて求められる。

　　　国内総生産（GDP）＝総生産額－中間生産物額

---

1) GDPは、1年間に新たに生み出した財やサービスの合計であるが、1か月、四半期（3か月）などの期間においてもGDPは計算されている。
2) 一国の経済を構成する要素を記録するマクロ経済統計である国民経済計算（SNA：System of National Accounts）は、1993年に国連が各加盟国にその導入を勧告した。マクロ経済を国際的な共通基準（物差し）で測ることで、失業などの国際比較を行えるようになり、各国の経済状態を把握することができる。

今、パンの生産を考えてみる。単純化のために、農家とパン製造業者、パン販売業者、パンの消費者からなる経済を想定する。農家は小麦を生産し、パン製造業者は農家から小麦を購入してパンを製造する。パン販売業者は、パン製造業者からパンを購入し、消費者にパンを販売する。

たとえば、農家が小麦を5億円でパン製造業者に販売したとしよう。パン製造業者がパンを生産し、それをパン販売業者が8億円で購入して、消費者に10億円で販売したとする。

農家が生産した付加価値は5億円、小麦はパンの原材料となるためパン製造業者が生み出した付加価値は3億円（＝8億円－5億円）、パン販売業者が生み出した付加価値は2億円（＝10億円－8億円）となる。したがって付加価値を合計したGDPは10億円となる。

2　GDPとGNP

GDPのほかに、国民総生産（GNP：Gross National Product）という指標がある。GDPとGNPの違いは、国内・海外を問わずその国の国民が付加価値を生み出したのか、あるいは、その国の居住者のみが付加価値を生み出したのかの違いである（図表1-1）。

すなわち、GNPは、国内外を問わず、その国の国民（会社を含む）が生み出した付加価値を表している。一方、GDPはある国の国内で生産活動を行った各経済主体が生み出した付加価値を表している。

たとえば、日本企業のアメリカ支店がアメリカで生み出した付加価値は、日本のGDPには含まれないが、GNPには含まれる。また、アメリカ企業が日本で生み出した付加価値は、日本のGDPには含まれるがGNPには含まれない。よって、GDPとGNPの関係は、次式のようになる。

GNP＝GDP＋海外からの要素所得－海外への要素所得

なお、要素所得とは、企業が財やサービスを生産するために必要な生産要

図表 1-1　GDP と GNP の関係

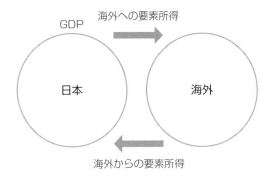

素（資本、土地、労働など）を提供した経済主体が受け取る所得[3]のことである。

かつて、日本ではGNPが使用されてきた。しかし、国際化が進むにつれて海外からの要素所得が増加したため、GDPとGNPの大きさにかなりの差が生じるようになった。そこで、国内の所得の大きさを正確に把握するために、1991年よりGDPを使用することになった。

3　GDP の算出

GDPは1年間に新たに生み出された付加価値の合計である。しかし、財・サービスの性質によっては、市場で取引されていないものもある。市場で取引されていなくても一国の経済力を示すためには必要なものがあり、それを把握するためにGDPの算出には統計上のルールが存在している。ここでは、いくつかのルールをみながら、GDPの算出方法について学習する。

---

[3]　生産された付加価値は、必ず誰かの所得として分配されるため、ここでは要素"所得"と書かれるが、付加価値と同じ額となる（⇒本章4）。

図表1-2　フローとストック

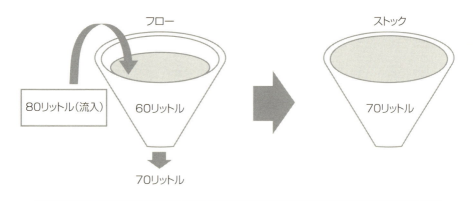

3.1　フローとストック

　マクロ経済学では、その数値がフローなのかストックなのかを分けることが重要である。フローとは、一定期間内に生産された量、あるいは取引された量を示す大きさである。これに対して、ストックとは、その時点で存在している残高のことを示している。

　たとえば、ある年度の初め（期首）に60リットルの水が入っている大きなバケツがあったとしよう。ここで、このバケツに1年かけて80リットルの水が流入し、70リットルの水が流出したとする。1年間の終わり（期末）にバケツに残った水の量は70リットルである（図表1-2）。

　このとき、1年間の流入量80リットルと流出量70リットル、差し引き10リットルがプラスとなっている。1年間における流出入がフローである。それに対して、期首の水量が60リットルであったが、1年後の期末には70リットル残っている。期末における残高70リットルをストックという[4]。

　GDPは、1年間の新たな生産額を表すものであるため、フローとして扱われる。

---

[4]　財務会計では、企業の収益と費用はフローであり損益計算書に表記され、企業の資産、負債、自己資本の額はストックであり貸借対照表に表記される。

3.2　GDP 算出の例外

　GDP に計上される財・サービスは、基本的には、市場で取引された財・サービスが対象となる。たとえば、GDP 統計の原則に従うと、家事労働でもホームヘルパーの仕事は GDP に計上されるが、主婦（主夫）の家事労働は計上されない。

　また、中古車のように、すでに売買されたものが再び売買されても GDP に含めない。中古車の取引額、株式や土地などの資産はストックにあたるため、その売却によって得られた利益は GDP には含めない。しかし、中古車や土地などを仲介した業者に支払われる仲介料や手数料は、GDP に計上される。

　逆に、実際は市場で取引されていないにもかかわらず、あたかも市場で取引されたかのように想定し、GDP に計上する場合がある。代表的な例としては、持ち家の帰属家賃と農家の農作物の自家消費分がある。

帰属家賃　　自分の家に住んでいるときには家賃は払わない。しかし、もし賃貸（借家）であれば、家賃を賃貸人に支払うことになる。家に住むということは、住宅からのサービスを受けているということである。同じサービスを受けているのに、持ち家と賃貸で支払金額の扱いが異なるのであれば、その国の GDP を正確に把握することができない。

　そこで国民経済計算では、住宅を所有している人は不動産業（住宅賃貸）を営んでいると仮定され、持ち家の帰属家賃は GDP に計上される[5]。

自家消費　　農家が野菜を生産し、収穫物の一部を市場に出荷せずに自ら消費することがある。このとき自家消費分を計上しないと、農家だけ消費支出は小さくなる。そのため、農家の自家消費についても GDP に算入している[6]。

---

[5]　なお、住宅の購入は財産（ストック）の取得であり、消費支出（フロー）ではない。

これ以外に、政府・対家計民間非営利サービス[7]もGDPに含まれている。

4 三面等価の原則

GDPは、3つ側面からみることができる。3つの側面とは、生産面、分配面、支出面である。ただ、みている側面が違うだけでGDPそのものは変わることなく、どの側面からみても同じ値になる。これを三面等価の原則という。

まず、生産面からみるということは、新たに生産された財・サービスの合計（付加価値の合計）をみることと同じである。

前述のパンの例をみてみよう。消費者が購入したパンが最終生産物である。パン製造業者が新たに生み出した付加価値は、最終生産物額から中間生産物額を差し引いたものであり、新たに生み出した付加価値の合計額がGDPである。

4.1 分配面

次に、消費者が支払ったお金の流れをみてみる（図表1-3）。パン販売業者は中間生産物を購入しているので、パン販売業者が消費者から受け取ったお金のうちの一部が、原材料や燃料などを販売した人（企業）に分配される。このように、誰かが生み出した財は誰かに帰属し、その対価として支払われたお金は所得として分配されるのである。

一般に、所得は消費するか、貯蓄するか、税金を支払うために使われる。たとえば、アルバイトで稼いだお金は、何かを買うためのお金（消費）、税

---

6) 農家の自家消費は、農家が税金を納めるときに行う確定申告の家事消費分という項目で計算される。
7) 営利を目的とせずに、家計に対して行われるサービスをいう。この行為を行う主な団体としては、私立学校、労働組合、政党、宗教団体、私立の社会福祉施設（介護保険に関するサービスは「サービス業」に分類）が該当する。

図表 1-3 所得の分配

金として納めるお金、それ以外は貯蓄に分けられる。つまり、所得は、消費、貯蓄、税金として分配される。このときの所得の合計は分配国民所得とよばれる。

$$GDP = 消費（C：Consumption）+ 貯蓄（S：Saving）+ 税金（T：Tax）$$

すなわち、GDP は分配面からみると各経済主体に分配された所得をみているということである。

4.2 支出面

分配された所得を各経済主体がどのようにして使ったのか（支出したのか）という視点からみたものが支出面である。なお、GDP の支出面は、国内総支出（GDE：Gross Domestic Expenditure）とよばれ、新たに生み出された財・サービスに対する総需要を意味する。

国内総支出（国内総生産）=
消費 (C) + 投資 (I) + 政府支出 (G) + 輸出 (EX) − 輸入 (IM)

上式の右辺は、国内総支出を表している。そのうち $C + I + G$ は国内の需要の大きさを表すため、これを内需（国内需要）とよぶ。$EX - IM$ は海外からの需要の大きさを表しているため外需という。

4.3 三面等価の原則

GDP を生産面、分配面、支出面の 3 つの側面からみてきたが、三面等価の原則から次のようになる。

$$GDP \quad = \quad C+S+T \quad = \quad C+I+G+EX-IM$$
　　（生産面）　　　　（分配面）　　　　　（支出面）

三面等価の原則に従うと、国内総生産と国内総支出は等しくなる。

ここで、国内総生産を Y、国内総支出を構成する消費を C、投資を I、政府支出を G、輸出を EX、輸入を IM とすると、

$$Y=C+I+G+EX-IM \qquad ①$$

が成立する。

①式の輸入を左辺に移項すると、

$$Y+IM=C+I+G+EX \qquad ②$$

となる。②式の左辺は、1年間に生み出された財・サービスと輸入した財・サービスを表しているため、供給された生産物の総額である。よって、左辺を総供給とよぶ。

また右辺は国内で支出された総額である。したがって、右辺は輸出を含めて総需要とよぶ。つまり、②式は経済全体の総供給と総需要の均衡式である。

しかし、これはあくまで、生産活動の事後的な結果の記録であって、事前に計画した総供給と総需要が常に均衡しているわけではない。生産活動の途中をみてみると、商品の売れ残りもあるし、逆に商品が不足するときもある。つまり、供給が多いときもあれば需要が多いときもある。上式は、在庫の増減を加味して事後的に一致しているのである。

ここで、もし総供給に対して総需要が少なければ、財が市場に売れ残っている状況なので、企業は売上不振になり、生産を少なくして調整することになる。そのため、経済全体でみれば、国内総生産[8]が小さくなる。

反対に、総供給に対して総需要が上回れば、市場に商品が不足しているこ

---

[8] 説明を単純化するために、しばしば国内総生産を国民所得とほぼ同義の意味で使うことがある。

とになるため、生産活動を拡大して財の供給を増やすことになる。このため、国内総生産が増加することになる。

ここから、総需要が少なければ国内総生産が減少し、総需要が大きければ国内総生産は増加することがわかる。

5　経済成長率

GDP が増加することは、経済が成長していると言い換えることができる。経済の勢いは、経済成長率をみることでわかる。

5.1　計算方法

経済成長率は、

$$今年の経済成長率（\%）＝\frac{今年の GDP－昨年の GDP}{昨年の GDP}\times 100$$

で計算される。

たとえば、昨年の GDP は 520 兆円であったが、今年は 530 兆円に増加していると、今年の経済成長率は約 2％（＝(530 兆円－520 兆円)÷520 兆円）となる。もし、今年の GDP の額が昨年の額と同じ額であるときはゼロ成長といい、減少していたならばマイナス成長という[9]。

5.2　名目 GDP と実質 GDP

経済成長率が上昇すると、GDP が昨年よりも増加しているということであるが、たとえ GDP が増加していたとしても、経済が成長しているとはかぎらない。それは、実質的には増加していないにもかかわらず、昨年よりも

---

[9]　昨年の GDP は 520 兆円で、今年は 510 兆円のとき、今年の経済成長率はおよそ－2％（＝(510 兆円－520 兆円)÷520 兆円）である。つまり、約 2％のマイナス成長となる。

物価が上昇したことによって GDP が増加していることが考えられるためである。

　GDP の増加をそのまま貨幣換算した値は、名目値といわれる。たとえば、名目値で経済成長率が 2％ 増加していたとしても、物価が 2％ 上昇していたら、実質的に GDP は前年と何も変わっていない（⇒第 8 章）。

　そのため、GDP に関しては、貨幣換算で計上された名目値のほかに、物価の影響を考慮した実質値でもみる必要がある。

　実質値は、名目値を物価水準で割る（デフレートする）ことで求められる[10]。

　つまり、実質 GDP は、

$$実質\,GDP = \frac{名目\,GDP}{物価水準}$$

と表される。実質値で増加していれば、経済は成長していることになる。なお、物価水準には、GDP デフレーターが使われる。

GDP デフレーター　　GDP の名目値を利用して、物価の変動を測る指標が GDP デフレーターである。再びパンの例でみてみよう。たとえば、昨年と今年のパンの生産量が同じであれば実質的には何も変わっていない。

　しかし、生産量を貨幣換算した名目値でみると、10 億円から 12 億円になっていた。このとき、物価は 1.2 倍上昇（12 億円÷10 億円＝1.2）したことがわかる。これが GDP デフレーターであり、次の式で求められる。

$$\frac{名目\,GDP}{実質\,GDP} = GDP\,デフレーター$$

　それでは、図表 1-4 の数値例をみてみよう。ある国では、パンのみを生産

---

[10]　他の指標であっても名目値を物価水準で割ると実質値で表される。

図表1-4　GDPデフレーターの例

		パン		燃料		GDP
		単価	生産量	単価	生産量	
昨年		100円	100万個	10円	100万個	9,000万円
今年	名目値	110円	110万個	15円	110万個	1億450万円
	実質値	100円	110万個	10円	110万個	9,900万円

しているとする。この国では小麦を育て、そのすべてをパンに使う。また、パン1個を作るにあたって燃料1リットルを必要とする。

昨年のパンの生産量が100万個で、パン1個が100円、燃料1リットルが10円だとすると、この年の名目GDPは、

$$100円 \times 100万個 - 10円 \times 100万\ell = 9{,}000万円$$

となる。

今年、燃料価格が高騰し、燃料1リットルあたり15円へ上昇したとする。企業はパンの価格に燃料代を転嫁して、パン1個の価格を110円に値上げしたとする。生産量は10%増加し110万個となり、消費される燃料も110万リットルになる。

この年の名目GDPと実質GDP、および名目経済成長率と実質経済成長率はそれぞれ、

- 名目GDP：110円×110万個－15円×110万リットル＝1億450万円
- 実質GDP：100円×110万個－10円×110万リットル＝9,900万円
- 名目経済成長率：(1億450万円－9,000万円)÷9,000万円×100＝16.11%
- 実質経済成長率：(9,900万円－9,000万円)÷9,000万円×100＝10%

となる。実際にGDPは昨年よりも増加しているが、その増加分は物価の上昇を含んでいるため大きくなっていることがわかる。どれだけ物価が上昇し

ているかを表す GDP デフレーターを求める（小数第 3 位四捨五入）と、

$$1 億 450 万円 ÷ 9,900 万円 × 100 = 105.56\%$$

となる。

　昨年を基準として（100 として）、今年は昨年よりも物価が 5.56% 上昇したことがわかる。

5.3　寄与度

　GDP は、消費、投資、政府支出、純輸出（輸出 − 輸入）に分類することができるため、GDP の増加（経済成長）は、各需要項目の増加分の合計と同じになる。

　各需要項目が GDP の増加にどれだけ寄与したかを測る指標を寄与度という。たとえば、GDP が 10% 増加したとき、投資の増加がそのうちの 5% を占めていれば、GDP の増加分のうち、半分は投資の増加によって経済が成長したといえる。

寄与度の計算　　寄与度の求め方は、下記のとおりである[11]。

$$寄与度 = \frac{各需要項目の増減値}{前期の GDP} \times 100$$

　ここで、国内総支出が図表 1–5 のデータで与えられるとすると、そこから今年の GDP の増加率に対する各需要項目の寄与度を計算することができる。

---

11) 昨年を 0、今年を 1 で表すと、各需要項目の寄与度は以下の式で求められる。

$$\frac{\Delta Y_1}{Y_0} = \frac{C_0}{Y_0} \cdot \frac{\Delta C_1}{C_0} + \frac{I_0}{Y_0} \cdot \frac{\Delta I_1}{I_0} + \frac{G_0}{Y_0} \cdot \frac{\Delta G_1}{G_0} + \frac{EX_0}{Y_0} \cdot \frac{\Delta EX_1}{EX_0} - \frac{IM_0}{Y_0} \cdot \frac{\Delta IM_1}{IM_0}$$

これを整理すると、次のようになる。

$$\frac{\Delta Y_1}{Y_0} = \frac{\Delta C_1}{Y_0} + \frac{\Delta I_1}{Y_0} + \frac{\Delta G_1}{Y_0} + \frac{\Delta EX_1}{Y_0} - \frac{\Delta IM_1}{Y_0}$$

図表1-5 ある国の総需要とGDP

	昨年	今年
消費	300	306
投資	100	102
政府支出	50	51
輸出	80	84
輸入	30	33
GDP（合計）	500	510

①経済成長率 $= \dfrac{510-500}{500} \times 100 = 2\%$

②消費の寄与度 $= \dfrac{306-300}{500} \times 100 = 1.2\%$

③投資の寄与度 $= \dfrac{102-100}{500} \times 100 = 0.4\%$

④政府支出の寄与度 $= \dfrac{51-50}{500} \times 100 = 0.2\%$

⑤輸出の寄与度 $= \dfrac{84-80}{500} \times 100 = 0.8\%$

⑥輸入の寄与度 $= \dfrac{33-30}{500} \times 100 = 0.6\%$

寄与度を知ることでGDPの増加率がどのような需要（支出）項目の変化によって主導されたかを知ることができる。たとえば、内需（$C+I+G$）の寄与度と外需（$EX-IM$）の寄与度をみることにより、ある期間の成長が内需主導であったのか、外需主導であったのかを判断することができる。

また、各需要項目の寄与度をみると、景気変動の主役が設備投資であるとか、輸出であるといったことを知ることができる。それゆえ、こうした各需要項目の変化とGDPの増加率の関係をみることはマクロ経済分析で重要な手法となっている。

第2章

消　費

　マクロ経済の総需要は、消費、投資、政府支出、輸出の4つに分類できる。このうち、最も馴染みがあるものは消費であろう。誰もが消費者で、衣食住に関する必需品から贅沢品まで、さまざまな財・サービスの消費を行っている。

1　消費とは

　消費者が欲望を満たすために商品やサービスを購入することを消費という。スーパーやコンビニエンスストアで食料品を、専門店で洋服や家具、電気製品などを購入し、さらには休日になれば、映画をみたり旅行したり美容院に行ったりする。これら財やサービスを購入することが、消費にあたる。

1.1　消費と所得の関係

　買いたいものはたくさんあるが、すべてを買うことはできない。所得（給料）や所有している資産には、限りがあるからである。つまり、消費は所得に大きく影響される。もちろん、他の要因にも影響を受けるが、最大の影響を与えるものは、現在の所得である。

1.2　景気と消費の関係

　経済全体としてみると、消費は内需のおよそ60％程度あり、総需要において消費が最も大きなウェイトを占めている。前章で学習したとおり総需要が景気に大きな影響を与えることから、消費は景気を考えるときに重要である。しかし、消費は所得に影響される。よって、不景気のときには所得が減るため消費も減少し、景気を回復させる力になりにくい。そのため景気が悪くなったときに消費を増やすことは難しい。

2　消費関数（ケインズ型）

　ケインズは『雇用、利子および貨幣の一般理論』（1936年）で「人々は、自身の所得が増加すると消費も増加させる傾向にあるが、所得の増加分と同等分を消費するわけではない」と主張し、消費はその時点における所得の増加にともなって増加すると単純化して、消費支出が所得の増加関数となるモデルを示した。消費は、所得の増加にともなって増加するとした考えは絶対所得仮説とよばれ、それに基づいて消費支出を式で表すと、

$$C = C_0 + \alpha Y$$

となる。この消費関数は、ケインズ型消費関数とよばれる。

　上式の C が消費、C_0 が基礎消費、α が限界消費性向、Y が国民所得となる。国民所得は一国全体の所得を表しており、いわゆるGDPのことである[1]。

---

[1]　統計上の国民所得は、国民所得（NI：National Income）＝GDP－（中間生産物＋固定資本減耗＋間接税－補助金）としているが、ここではGDPと同義として扱う。
　　固定資本減耗は、財を生産するために必要な機器の使用によって生じる価値の減少分である。これは、企業にとっては、財を生産するための経費である。間接税は消費税などが代表例であり、補助金は国から市場へ流れるお金である。そのため厳密に国民の利益をさす国民所得を表すならば、これらを加える必要がある。

図表2-1 消費と貯蓄

(単位:万円)

期間 t	所得 Y	所得の増加分 ΔY	消費 C	消費の増加分 ΔC	貯蓄 S	貯蓄の増加分 ΔS
1	20 (Y_1)	10	18 (C_1)	8	2 (S_1)	2
2	30 (Y_2)		26 (C_2)		4 (S_2)	

2.1 基礎消費

たとえ所得がゼロであっても、生きていくためには消費をしなければならない。たとえ無職で所得(収入)がゼロでも、貯蓄を切り崩すなどして消費をしなければならない。

たとえば、家賃や最低限の食費などに毎月15万円を消費しているとする。この15万円は生きていくには必要不可欠な消費額である。これを基礎消費 (C_0) という。

2.2 平均消費性向

図表2-1をみてみよう。第1期の所得に占める消費の割合を(第1期の)平均消費性向(APC:Average Propensity to Consume)とよぶ。平均消費性向 (APC) は、次のように求められる。

$$APC = \frac{消費}{所得}$$

たとえば、図表2-1から、

$$\text{第1期の平均消費性向} = \frac{C_1}{Y_1} = \frac{18\,\text{万円}}{20\,\text{万円}} = 0.9$$

と求められる。

また、消費の内訳で、基礎消費以外に所得に連動する部分がある。多くの人は、働いて所得を得ており、もし所得が増えたならば消費も増やすだろう。

たとえば、ある人は月給20万円のときには18万円を消費し、残りの2万円は貯蓄していたとする。これは、所得のうち、90％を財やサービスの購入に使っているということである。

その後、所得が10万円増加したとしよう。このとき所得は30万円となったが、この増加分10万円をすべて消費にまわすとはかぎらず、いくらかは貯蓄を増やすであろう。そのため、GDPが増加すれば消費も貯蓄も増加する。

2.3 限界消費性向

前述のケースで、増加した所得10万円のうち消費を8万円増やし、残りの2万円を貯蓄したとしよう。所得が10万円増加したとき、そのうち8万円を消費に費やしたのだから、80％は消費に使っていることがわかる。

もし1単位あたりでみたときには、次のようになる。

$$\frac{\Delta C}{\Delta Y} = \frac{8\,\text{万円}}{10\,\text{万円}} = 0.8$$

この0.8という値は、所得の増加分 ΔY（10万円）に占める消費の増加分 ΔC（8万円）の割合であり、所得が1単位増加したときに、どれくらい消費が増加するかを表している。これを限界消費性向（MPC：Marginal Propensity to Consume）とよぶ。

3 その他の消費関数

ケインズ型消費関数に対しては、多くの批判がある。クズネッツ[2]は、アメリカの長期データを分析し、長期的にみると所得と消費は比例関係にあるとして、次のように定義している。

$$C = \alpha Y$$

長期的にみれば、基礎消費は影響せず、限界消費性向と所得のみが消費に影響を与えるとしている。

3.1 相対所得仮説

消費関数には、この2つ以外にもさまざまな考え方がある[3]。そのうち、消費は、今年の所得と過去に最も高かった所得によって決まるという考え方が相対所得仮説である。ケインズ型消費関数が正しければ、景気が悪くなると所得が減少するので消費も減少するはずである。

しかし、実際の統計をみると、所得が低下しても所得ほど消費は減らない傾向があり、平均消費性向は上昇する。所得だけに影響されるケインズ型消費関数では、統計で表れた傾向を説明できない。そこでアメリカのデューゼンベリー[4]は、ラチェット（歯止め）効果とデモンストレーション効果を基本とする相対所得仮説で、統計との矛盾を説明したのである。

---

[2] サイモン・スミス・クズネッツ（1901年～1985年）。ロシアで生まれ、1922年にアメリカに移住・帰化した経済学者。計量経済学（経済理論によって構築された経済モデルを、統計学の方法によってその妥当性の実証分析を行う）を発展させ、ケインズ経済学の発展に貢献した。景気循環の1つであるクズネッツの波を示したことでも有名。1971年にノーベル経済学賞受賞。

[3] 第二次世界大戦後、ケインズの消費関数による経済予測が大幅にはずれた。そこで消費関数をより精密に推定して現実を説明できるよういくつかの新しい仮説が生み出された。これは消費関数論争として知られている。その後、ピグー効果（物価が下がると、消費者が保有している金融資産の実質的価値が高まり、消費が促進されるという効果）なども考慮されて、複雑な消費関数モデルが構築されていった。

ラチェット効果　人は、一たび贅沢を覚えると、たとえ所得が減少したとしても、なかなか消費を減らせないという習性がある。したがって、所得が減少しても、消費はそれほど減少しない。つまり、景気後退局面においてもそれほど消費は減少せず、景気後退の歯止めとなる。これをラチェット効果（ラチェットとは船の錨(いかり)のこと）という。

デモンストレーション効果　人の消費が、他人の消費に影響を受けることをデモンストレーション効果という。たとえば、友人が流行の新商品を買ったことを知ると、それを羨ましいと感じて、自分もそれを買ってしまうようなケースをいう。

3.2　恒常所得仮説

　人々は、消費を行う場合、一時的な変動所得ではなく、恒常的に入ってくると考えられる所得に基づいて消費計画を立てるというものである。所得は、恒常所得と変動所得の2つからなるとして、毎月の給与のような将来にわたり安定的に得ると期待できる所得を恒常所得とし、株の配当やキャピタルゲインのような一時的な収入からなる所得を変動所得としている。

　たとえば公務員の所得は恒常所得である。しかし、農家のように毎年の気候に応じて、所得が変わることもある。ある年に大きな収入があったとしても、次の年はどうなるかわからない不安があれば、所得のすべてを使うような行動はとらないと考えられる。

　このように所得を恒常所得と変動所得に分類することによって、短期的な景気変動と長期における平均消費性向の動きについて説明することが可能になったのである。

---

4)　ジェームズ・デューゼンベリー（1918年～2009年）。アメリカの経済学者。専門は貨幣および銀行論。マクロ経済学でハーバード大学の教授として活躍した。相対所得仮説のほか、金融的要因を重視する景気循環理論などの研究が有名。

3.3 ライフサイクル仮説

ライフサイクル[5]仮説は、人々は、一生のうちに得られる所得と消費支出が等しくなるように毎年の消費支出を決定するというものである。ケインズ型消費関数は、今期の所得のみに影響されるとしているのに対して、ライフサイクル仮説は、現在の貯蓄と将来の所得の両方に影響を受けるとしている。

たとえば、老後は所得が少なくなると考えられる。そこで所得が多い現役時代に貯蓄をして、老後はその資産（貯蓄）を取り崩して生活する。それまでに得られた所得を貯蓄して、将来の得られる所得金額を考えながら支出を行う。

4 貯 蓄

所得には、税金がかかる。税金を納めて後に手元に残った所得を可処分所得とよぶ。そして、人々はこの可処分所得の大部分を消費にまわし、一部を貯蓄にまわすため、可処分所得は、一般に消費と貯蓄に分けられる。

消費と貯蓄は、表と裏の関係であるため、貯蓄に関しても（消費と同様に）平均貯蓄性向や限界貯蓄性向を考えることができる。

平均貯蓄性向（APS：Average Propensity to Save）は、所得に占める貯蓄の割合のことであり、

$$APS = \frac{貯蓄（S）}{所得（Y）}$$

で求められる。

また、所得の増加分 ΔY に占める貯蓄の増加分 ΔS の割合を限界貯蓄性向（MPS：Marginal Propensity to Save）といい、所得が1単位増加したときに、

---

[5] ライフサイクルとは、誕生、就学、就職、退職、死亡など人生の一連の局面をいう。

どれだけ貯蓄が増加するかを表している。限界貯蓄性向を β で表すとすると、

$$\beta = \frac{貯蓄の増加分\ (\Delta S)}{所得の増加分\ (\Delta Y)}$$

となる。

たとえば、図表2-1の例では、平均貯蓄性向は、

$$第1期の平均貯蓄性向 = \frac{S_1}{Y_1} = \frac{2万円}{20万円} = 0.1$$

$$第2期の平均貯蓄性向 = \frac{S_2}{Y_2} = \frac{4万円}{30万円} = 0.13$$

となり、限界貯蓄性向（β）は、

$$限界貯蓄性向 = \frac{\Delta S}{\Delta Y} = \frac{2万円}{10万円} = 0.2$$

と表すことができる。

以上のことについて記号を用いてまとめてみる。

$$Y = C + S \quad ①$$

①式の両辺を Y で割ると、

$$1 = \frac{C}{Y} + \frac{S}{Y} \quad ②$$

となる。つまり、平均消費性向と平均貯蓄性向の和は1となる。さらに、①式で所得が増加（ΔY）すると、消費（ΔC）と貯蓄（ΔS）も増加するから、

$$\Delta Y = \Delta C + \Delta S \quad ③$$

となり、③式の両辺を ΔY で割ると、

$$1 = \frac{\Delta C}{\Delta Y} + \frac{\Delta S}{\Delta Y} \quad \text{④}$$

となるので、限界消費性向と限界貯蓄性向の和も1となる。可処分所得は、消費と貯蓄に振り分けられる。したがって、可処分所得が1単位増加したときには限界消費性向（α）と限界貯蓄性向（β）を足し合わせると1となる。

④式から、

$$1 = \alpha + \beta$$

となる。ここから、

$$\beta = 1 - \alpha$$

となり、限界貯蓄性向は（1－限界消費性向）として求められる。

第3章

投　資

　消費に続き、内需の1項目である投資について学んでいこう。景気の原動力を野球にたとえると、消費は3番バッター、投資は4番バッターといわれる。過去20年間（1994年〜2014年）における日本の国民所得に占める各需要項目の割合をみると、平均で消費が58.2%、投資が17.0%、政府支出が23.8%、そして純輸出が0.9%である。投資は、消費に比べて少ないが、それにもかかわらず野球においてチームの中心打者である4番バッターといわれる。その理由は、景気の動向に投資が大きな影響を与えるためである。

　景気が悪くなったからといって、消費を2割も3割も減らす人は少ない。それに対して、景気が悪くなると、投資を半減させたり、まったく行わなくなったりする企業は多くみられる。この例からもわかるように、安定している消費に対し、投資の変動は景気の動向に大きく影響を与える。

　たとえば、工場、機械や住宅への発注が増加すれば、じかにGDPを増加させ、これらが減少すればGDPもそれに応じて減少する。つまり、景気の悪化（改善）は投資の減少（増加）をまねき、それがさらに景気を悪化（改善）させて投資を減少（増加）させるというスパイラル（悪循環）を引き起こすのである。

1 投資とは

将来、収益を得られると期待できるときに生産能力（資本）を増加させることを投資[1]という。企業が生産能力を増加させれば、それだけ売上が伸びると期待できるため、将来の利益を期待して設備拡大などに資金を支出する。

1.1 投資の種類

投資は、設備投資、住宅投資、在庫投資の3つに分けられる。

設備投資とは、生産活動を行うために工場を建設したり、機械などの生産設備を購入することをいう。たとえば、自動車の需要が増え、増産すれば利益が増えると自動車メーカーが判断すれば、工場の設備を拡大し、部品を追加購入して生産量を増やす。

また、住宅を建てることも投資である。私たちが家を建てたら家賃収入が生まれる[2]ため、住宅の建設は住宅投資となる。さらに、在庫品も投資と扱っている。もし、企業が大量の注文を受けたときに在庫がなければ売る商品がないために販売できず、売上のチャンスを失ってしまう。そこで、よく売れると予想しているときは多めに生産する。在庫は、将来、販売するための投資であり、在庫投資とよぶ。

1.2 投資の判断

投資を行うか行わないかは、企業にとって最も重要な決断であり、企業の将来を左右する重要な関心事である。なぜならば、投資のために資金を投下

---

[1] 一般には、勉強は自分への投資などといわれることもある。また、株式や不動産などを買う場合も投資といわれる。しかし、経済学において投資とは、工場や機械など生産設備を増強するための支出をいう。
[2] たとえ、自分で住んだとしても、自分が自分に家賃を払っているとみなす（⇒第1章3.2）。

するのは現在であるのに対して、売上によって資金が回収されるのは将来のことだからである。つまり、資金投下と資金回収にタイムラグ（時間の遅れ）があるため、投資の実施を決断する時点では、それが成功するかどうかを正確に予想することはできない。

したがって、投資は不確実な要素をもっているといえる。企業は将来の需要を見込んで生産を行うが、景気が良くなると想定して工場を建設し、在庫品を増加させた後に景気が悪くなったのであれば、その企業は投資資金にみあう売上をあげられずに倒産に追い込まれる危険性がある。逆に不況を予想して投資を行わなかった場合、景気が良くなったときには、ライバル企業との競争に敗れて倒産に追い込まれる危険性がある。したがって、企業は生産を拡大させたり、生産を削減したりすることに慎重にならざるをえない。

2　資本の限界効率

企業は、景気が良くなり将来の売上が増加すると予想すれば、設備投資をして、生産量を増加させ、利潤を増やそうとする。

しかし、どれだけ設備投資をすればよいのだろうか。それを考えるうえで重要になるのが、資本の限界効率という概念である[3]。

これは投資から得られると期待される利益のことである。つまり、投資によって生産設備[4]を新しく1単位増加させたときにどれだけ（予想）収益を得られるかを表している。

たとえば、1億円の投資プロジェクトがあるとしよう。もしある1億円の投資プロジェクトに対して、毎期1,000万円の利益が得られると予想するならば、その投資案件の資本の限界効率は10%（＝利益1,000万円÷投資金額1億円）となる。

---

3) ここで、資本＝投資である。なお、ケインズの資本の限界効率は投資の予想収益率である。

4) 生産設備は、企業にとって生産要素であり、資本（ストック）ともよばれる。

ここで、利子率[5]が5%であれば、銀行から資金を借りて投資を実施すると、500万円を銀行に支払うことになる。中小企業や個人経営者にとって、投資は銀行からの借入れが中心となる。大企業は、銀行からの借入れだけではなく、株式や債券を発行して資金を集めることもできるが、この場合も配当や利子を支払うことから、資金調達コストが重要となる。

投資を行うならば、将来にわたって得られる利益が500万円以上（資本の限界効率が5%よりも高い）でなければ投資を行うのは損であるが、資本の限界効率が10%であれば投資を行うほうが得する。

つまり、利子率と資本の限界効率を比較して、利子率が資本の限界効率よりも高ければ投資は行われず、利子率が資本の限界効率よりも低ければ投資が行われる。結局、投資の最適水準は、利子率と資本の限界効率が一致するところの投資量となる。

2.1 設備投資の決定要因

今、A、B、Cの3つの投資案件があったとする。それぞれ予想される資本の限界効率は10%、8%、6%であり、利子率が7%だったとしよう。このケースでは、企業は銀行から資金を借り入れてでも、AとBの投資案件は行うが、Cの投資案件は行わない。しかし、金融政策で利子率が低下し、その影響でこの企業の資金調達コストが5%まで低下したならば、Cの投資案件も行うことになる。

これは個別企業の例であるが、経済全体をみた場合も、同じことがいえる。つまり、投資と利子率の関係は、反比例の関係にあり、利子率が低下すれば投資は増加し、利子率が上昇すれば投資は減少することになる。

2.2 アニマル・スピリット

投資に影響を与えるものとして、人間の心理も重要である。それが企業家

---

[5] 利子率と金利は、本書において同義語として扱っている。

のアニマル・スピリット（血気）である。

　将来の予想は容易ではなく、現時点で予想する資本の限界効率が正しいとはかぎらない。

　たとえば、ある企業家はアニメが好きだとしよう。彼がアニメに関する玩具を製作する会社を経営した場合、玩具の販売予想を立てるときに自身がアニメ好きならば、たくさん売れると過大評価をするかもしれない。逆にアニメにはあまり関心がない企業家であるならば、過小評価をするかもしれない。

　将来の予想が難しい投資を行う場合、企業家の立てる予想限界効率には、その投資家のアニマル・スピリットが大きな影響を与える。

3　投資乗数

　消費に比べ、投資は激しく変動する。ひとたび景気が良くなるとスパイラル的に景気を押し上げ、逆に景気が悪くなるとスパイラル的に景気を悪化させる

　たとえば、投資が増加したときには、GDP の増加分は投資の増加分よりも大きく増加する。投資が利子率の変化以外の何らかの原因で増加した場合に、その有効需要の増加が所得の増加の過程を経て、最初の支出額よりも数倍の GDP の増加をもたらす効果を、乗数効果という。

乗数　　まず、国民所得（Y）は、総需要の項目で構成されるため、消費と投資、政府支出、輸出 − 輸入からなる。つまり、

$$Y = C + I + G + (EX - IM) \quad ①$$

となる。ここで、消費関数（⇒第2章2）が、

$$C = C_0 + \alpha Y \quad ②$$

であると仮定したとき、①式に②式を代入すると、

$$Y = C_0 + \alpha Y + I + G + (EX - IM) \qquad ③$$

となる。ここで、③式の右辺の αY を左辺に移項すると、

$$Y - \alpha Y = C_0 + I + G + (EX - IM)$$
$$(1 - \alpha) Y = C_0 + I + G + (EX - IM)$$

となる。さらに、両辺を $(1-\alpha)$ で割ると、

$$Y = \frac{1}{1-\alpha} \times (C_0 + I + G + (EX - IM)) \qquad ④$$

が得られる。ここで、④式は均衡国民所得の決定式とよばれ、$\frac{1}{1-\alpha}$ は乗数とよばれる。もし投資だけが増加したと考えてみる(その他の変数は一定)と、投資の増加分(ΔI)と乗数をかけた値が国民所得の増加分(ΔY)となるから、

$$\Delta Y = \frac{1}{1-\alpha} \times \Delta I \qquad ⑤$$

と表せる。

　たとえば、限界消費性向が 0.8 だったケースを考えてみる。投資が 100 増加すると、そのまま国民所得が 100 増加する。国民所得が増加すれば、消費も増加する。その増加分は、限界消費性向に従うため、80(100×0.8)となる。消費が 80 増加しているため、国民所得も 80 増加する。

　この流れは、限りなく 0 に近づくまで続き、すべてを足し合わせると、国民所得の増加分は 500 となる[6]。つまり、投資を 100 増加させると、限界消

---

[6] この考え方は無限等比数列の和の公式に従っている。今、初項が a、公比が α とすれば $a + a\alpha + a\alpha^2 + \cdots\cdots + a\alpha^{n-1}$ の和は $\frac{a(1-\alpha^n)}{1-\alpha}$ で求められる。$|\alpha|<1$ のとき、$n \to \infty$ になると、α^n はゼロであるから、その総和は $\frac{a}{1-\alpha}$ となる。ここで、a は ΔI であるから、$\frac{1}{1-\alpha} \times \Delta I$ は国民所得の増加分の総和となる。

図表 3-1　投資増加の波及過程

	ΔI	ΔC	ΔY
1	100		100
2		80	80
3		64	64
4		51.2	51.2
5		40.96	40.96
⋮	⋮	⋮	⋮
合計	100	400	500

費性向が 0.8 であるならば消費を通じて国民所得は 500 増加することになる（図表 3-1）。

これを計算式で確認してみよう。投資の増加が 100 であり、限界消費性向が 0.8 であった場合、⑤式に数値を代入すると、

$$Y = \frac{1}{1 - 0.8} \times 100 = 500$$

となる。

このときの乗数は、

$$乗数 = \frac{1}{1 - 0.8} = \frac{1}{0.2} = 5$$

となる。このように、乗数は（1 − 限界消費性向）の逆数、あるいは限界貯蓄性向の逆数として求められる。

⑤式から、投資の増加分の乗数倍だけ GDP は増加する。このとき、乗数が大きいほど所得の増加分は大きくなる。乗数は限界消費性向が大きいほど、または限界貯蓄性向が小さいほど、大きくなる。

第4章

政府支出

　政府は、国民から税金を徴収して、それをもとにいろいろな行政サービスを行っている。たとえば、戸籍の手続きなど、役所で行う各種サービスなどである。

　このような行政サービス以外にも政府は、道路や橋、公園の建設などの公共事業を実施し、国内のインフラ整備も行う。水道、ガス、電気など公共性が高いインフラを整備することは、人々の暮らしを豊かにする。しかし、公共事業は多額の資金が必要であり、その資金は税金によって賄われている。

　政府は、行政サービスへの支出、公共インフラ整備への支出など、巨額の資金を支出しているため、政府支出が景気に与える影響も大きい。

1　政府支出と減税

　政府支出には、景気の変動をコントロールする役割がある。たとえば、景気が悪化したとき、いきなり消費や投資を増加させることはできない。そこで、政府支出を増加させることで、総需要を増加させ、景気をコントロールする。

　景気をコントロールするという意味で、政府支出や増税・減税は財政政策であり、景気にとって重要な要因である。そこで、財政政策はどのように行われるのかをみてみよう。

1.1 公共事業

　政府が建設会社に発注して道路工事をしたり、橋を架けたりすることを、公共事業という。公共事業を行えば、建設会社は工事を行うために多くの人を雇用し、建築資材を扱う会社から建築資材を購入しなければならない。建築資材を扱う会社は原材料を扱う会社へ発注するので、建築資材を扱う会社、原材料を扱う会社ともに生産を拡大させることにつながる。

　建築会社が工事を増やすために雇用を増加させると、人々の所得が増えて消費も増加していく。消費の増加は、商店の売上を増加させ、メーカーの生産も増加する。このように、公共事業を増加させると、経済全体に波及して、国民所得が増加する。

1.2 減　税

　政府が税金を安くすると、企業の利益が増加し、人々の所得も増加するため、消費支出の増加につながる。消費支出の増加は、企業の投資を増加させ、総需要の増加につながる。減税を実施するということは、人々の消費意欲を高め、所得の増加につながる。

1.3 景気引き締め

　景気が過熱したときには、景気の引き締めが必要となる[1]。この場合には総需要の増加を抑えることが必要となる。たとえば、消費支出を減らすために増税すれば、人々の自由に使えるお金は少なくなるため消費を抑えることができる。また、公共投資を減らせば、総需要を抑えて景気の過熱を冷やす効果もある。

---

[1] 景気が過熱すると、インフレーションが発生したり（⇒第8章2.1）、好況後の景気の落ち込みが激しくなったり（⇒第7章2）するため、過熱しすぎることを避けるため景気の引き締めが必要となる。

2　景気のコントロール

　総需要を拡大させるために、外国の需要（外需）に頼ったらどうなるだろうか。たとえば、政府が為替市場に介入して、自国に有利に為替レートを誘導して外国への純輸出（輸出－輸入）を増加させたとしたら、それは貿易相手国の需要を奪うことになる。貿易相手国に自国製品を買わせることになるため、その国の製品の需要が減少してしまうのである。輸出の拡大は、他国を不景気に追い込むために、輸出の拡大によって自国経済の総需要を拡大する方策は、2国間の関係を悪化させる（近隣窮乏化政策）。

　1930年代の世界大恐慌は、世界中を巻き込んだ。そこで各国とも、関税を引き上げて他国からの輸入を減らし、自国の産業を保護しようとした。

　その結果、貿易額が減少して世界経済全体の効率が下がり、ますます不況を拡大させた[2]。それだけでなく、政治的にも各国間の関係が悪化し、これが第二次世界大戦へとつながったという説が有力となっている[3]。

　外需に依存することは危険があるため、景気をコントロールするには内需を刺激することが必要である。内需には、消費と投資と政府支出がある。これまで学習してきたように消費と投資は、それだけで景気をコントロールすることは難しい。

　そのため、内需によって景気対策を行うのは、政府支出となるが、これにも問題がある。景気が悪くなれば、政府の収入も減少するため、そのなかで支出を増やすには、国債を発行するなど、政府の負債を増やさなければならない（財政赤字⇒第12章3）。古典派経済学が、不景気の時期に政府支出を増やすことに反対した理由の1つはこれである。

---

2) 現代では、各国が自由貿易を推進することを目的とした国際機関や会議が用意されている。
3) 現代においても、どこかの国で輸出よりも輸入が増えると貿易摩擦が発生し、国同士の関係が悪化する（⇒第9章3）。

3 財政政策の効果

国債を発行して、借金してまでも政府支出を増加させると、その借金を返済できるほど景気が回復して国民所得が増加するのだろうか。たとえば、政府支出が100増加したときに、国民所得が同額の100しか増加しないならば、税収の増加額は100未満（もし税率が30%であるならば税収の増加額は30、税率が20%ならば20）となる。すなわち、国民所得が政府支出の数倍増加しないと、国債という借金を返済できないことになる。

しかし、政府支出も乗数効果があり、政府支出の増加額（ΔG）の乗数倍、国民所得を増加させる効果が期待できる。ここで、簡単な数値例を使ってこのことを確かめてみよう。

3.1 政府支出の乗数効果

政府部門を考慮して、乗数効果をみるためには、政府支出 G だけでなく、政府収入となる租税 T も考える必要がある。そうすると、人々の所得は可処分所得（$Y-T$）で表すことになり、租税を考慮した均衡国民所得決定式が次のように求められる。

まず可処分所得を Y_d、租税を T とするならば、可処分所得は所得から税金を差し引くため、$Y_d = Y - T$ と表すことができる。このとき、総供給と総需要の均衡式は、

$$Y = C + I + G + (EX - IM) \quad ①$$

となる。

次に、消費関数は、

$$C = C_0 + a(Y - T) \quad ②$$

となる[4]。

この②式を①式に代入し整理すると、次のように示すことができる。

$$Y = \frac{1}{1-\alpha}(C_0 - \alpha T + I + G + (EX - IM)) \quad \text{③}$$

③式の G を増加させたとすると、

$$\Delta Y = \frac{1}{1-\alpha}\Delta G \quad \text{④}$$

となる。また T だけを変化させた場合には、

$$\Delta Y = \frac{-\alpha}{1-\alpha}\Delta T \quad \text{⑤}$$

となる。つまり、政府部門を考慮すると、④式の $\frac{1}{1-\alpha}$ は財政支出乗数であり、⑤式の $\frac{-\alpha}{1-\alpha}$ は租税乗数とよばれる。

これを数値例でみていくとしよう。今、限界消費性向（α）が0.8で与えられ、政府支出を500増加させたとすると、国民所得の増加分は、次のように計算される。

$$\Delta Y = \frac{1}{1-0.8} \times 500 = 2{,}500$$

また租税を500減少させた（500単位減税した）とすると、

$$\Delta Y = \frac{-0.8}{1-0.8} \times -500 = 2{,}000$$

となる。

3.2 均衡予算乗数の定理

いま政府が公共事業を行うために増税を行い、同時にその税収を財源として税収と同額の政府支出を増加させたとすると、国民所得にはどのような影響を与えるだろうか。租税と政府支出だけが変化しているため、④式と⑤式を足し合わせることで国民所得の増加分を求めることができ、これは⑥式のとおりとなる。

---

4) 租税において税率を考慮すると、均衡国民所得の決定式は本章3.3に示されるとおりとなる。

$$\Delta Y = \frac{1}{1-\alpha}\Delta G + \frac{-\alpha}{1-\alpha}\Delta T \qquad ⑥$$

政府支出と租税を同時に同額だけ増加させるということは、$\Delta G = \Delta T$ となるから

$$\Delta Y = \frac{1}{1-\alpha}\Delta G - \frac{\alpha}{1-\alpha}\Delta G$$
$$= \frac{1-\alpha}{1-\alpha}\Delta G$$
$$= 1 \times \Delta G$$
$$\Delta Y = \Delta G$$

と表すことができる。このとき、政府支出の増加分だけ国民所得は増加することになる。

つまり、政府が租税と政府支出を同額だけ増加させたならば、国民所得の増加分は政府支出の増加分と同じとなり、政府支出乗数は1となる。これを均衡予算乗数の定理という。

3.3 税率の変更と乗数効果

ここで、租税を税率も考慮したかたちにすると、租税関数は次のように定式化できる。

$$T = T_0 + tY$$

租税は、所得の大きさに依存し、所得が増加すると租税も増加すると考えられる。T_0 は所得に依存しない一括税であり、固定資産税などがその例となる。t は税率を表している。

租税が家計にのみ課されるとすると、この租税関数を用いて消費関数を次のように修正することができる。

$$C = C_0 + \alpha(Y - T)$$
$$= C_0 + \alpha\{Y - (T_0 + tY)\}$$

上式を均衡国民所得の式に代入して整理すると、次のように示すことができる。

$$Y = \frac{1}{1-\alpha(1-t)}(C - cT_0 + I + G + (EX - IM))$$

となる。

この式から、政府支出を増加させたとすると、その変化分だけをみればよいので、次のようにまとめられる。

$$\Delta Y = \frac{1}{1-\alpha(1-t)} \Delta G$$

今、限界消費性向 (α) が 0.8 であり、税率 (t) は 0.2 であったとする。このとき、政府支出を 720 増加させたとすると、国民所得の増加分は、次のように計算される。

$$\Delta Y = \frac{1}{1-0.8(1-0.2)} \times 720 = 2{,}000$$

この乗数では、t が入った分だけ乗数が小さくなっていることがわかる。このことが示しているのは、税率が考慮されると、たとえ政府支出を増加させたとしても、乗数を通じて増加する国民所得の変動分がより小さくなるということである。

総需要を拡大するという意味では、税率は経済成長にマイナスに働くが、これによって好況・不況といった景気変動に対してある程度まで自動的に経済を安定化させることができるというプラスの側面ももつ。租税体系のもつこうした機能をビルト・イン・スタビライザーという。

第 5 章

海外部門

　グローバル化された経済では、石油危機（⇒第8章3）などのように、世界を揺るがす経済問題も、テロのような政治問題も日本経済は大きな影響を受ける。国によって景気の状況が異なり、さらに政治体制、通貨、税制、経済に対する政策も異なるため、その影響もさまざまである。

1　輸出と輸入

　資源の少ない日本は、加工貿易が主流であるため輸出が重要な役割を果たしてきた。石油や石炭などの資源を購入するには、外貨を獲得することが必要であり、日本は輸入に必要な外貨を輸出によって手に入れてきた。とくに第二次世界大戦後の復興期において、日本は国内で品質の高い財・サービスを生産し、海外に輸出することによって外貨を得て、世界に奇跡とまでといわれた高度経済成長を成し遂げた（⇒第7章1）。

　グローバル化が進んだ現在においては、輸出の減少が日本の景気を悪化させることがある。たとえばリーマン・ショックでは、日本に直接の影響はなかった。しかし、欧米諸国がリーマン・ショックで景気が悪化したため日本の輸出が減少し、日本の景気も悪化した（⇒終章）。

　日本の人々が海外の商品を需要することが輸入である。輸入が増加すると、海外からの商品の供給が増えるので、輸入は需要のマイナスの要因となる。

2 国際収支統計

モノとカネの海外取引を一定期間にわたって体系的に記録した統計が国際収支統計である。グローバル化が進み、海外との取引が各国の景気へ与える影響が大きくなってきたため、国際収支は重要性が増してきた。国内の居住者と非居住者の間で行われた取引は、インターネット取引の発達によって複雑化しているため、各国経済の取引を正確に把握するように各国共通の統計方法として国際収支表が作られている。

国際収支統計の主な計上原則は、下記のとおりである。

- 居住については、ある国に拠点をもち長期間（1年以上）にわたって相当規模の経済活動を行う者を居住者と扱う。
- 国際収支は収支方式で計上し、複式簿記の原理（複式計上）を用いる（財・サービスの輸出、所得の受取り、資産の減少、負債の増加は貸方に計上し、財・サービスの輸入、所得の支払い、資産の増加、負債の減少は借方に計上する）。
- 取引価格で計上し、取引が発生した時点で計上する。また為替レートは対象となる月の市場実勢レートで計上する。

国際収支統計は、日本銀行が財務省からの委任を受けて統計を整備しており、上述の原則に基づき、国際収支表としてまとめられ、毎月公表されている。

国際収支表は、主に経常収支、金融収支に大別される（図表5-1）。経常収支では、財・サービスの輸出の増加をプラス（＋）、財・サービスの輸入をマイナス（－）とし、金融収支では資産・負債の増減に着目し、資産の増加をプラス（＋）、負債の増加をマイナス（－）としている。そのため、経常収支から金融収支を差し引くとゼロとなる。

つまり、

第 5 章 海外部門 53

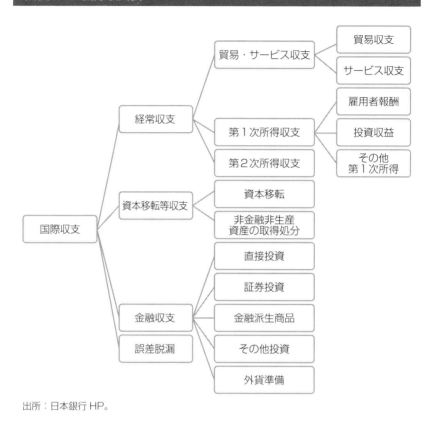

図表 5-1 国際収支表

出所：日本銀行 HP。

　　経常収支(輸出 − 輸入) + 資本移転等収支 − 金融収支(資産 − 負債)
　　 + 誤差脱漏 = 0

となる。たとえば、日本がアメリカへ車を輸出して、アメリカからその代金を受け取ったならば、輸出によって経常収支はプラス（黒字）になり、アメリカから代金を受け取ったことによって（金融）資産が増加したとみなせるため、経常収支から金融収支を差し引くとゼロとなる。

従来の国際収支表では、主に経常収支と資本収支に分類され、経常収支がモノの流れを、資本収支がカネの流れを表していた。資本収支ではカネの流入をプラス（＋）、流出をマイナス（－）としていたため、資産の増加をマイナス、負債の増加をプラスで記録していたので、従来方式の国際収支は次のようになっていた。

経常収支(輸出 − 輸入) ＋ 資本収支(資本の流入 − 資本の流出) ＋ 外貨準備増減 ＋ 誤差脱漏 ＝ 0

従来の方式では、日本が外国の企業へ投資をした場合、資本の流出となるため、資本収支は赤字となっていたが、金融収支では黒字となる。

2.1 経常収支

それでは、国際収支の項目を詳細にみていこう。財・サービスの取引をみたものを、経常収支という。これは、貿易・サービス収支、第1次所得収支、第2次所得収支から構成され、

経常収支 ＝ 貿易・サービス収支 ＋ 第1次所得収支 ＋ 第2次所得収支

となる。なお第1次所得収支は、従来の所得収支、第2次所得収支は従来の経常移転収支である。経常収支の数値は（輸出 − 輸入）として計算されるため、財の輸出が増加すると、経常収支は黒字になる。逆に輸入が増加すると経常収支は赤字になる。

貿易・サービス収支　　貿易収支は、自動車やパソコンなど財の輸出入によって計上された金額の流れを、サービス収支は、運賃、旅行、保険料などサービスの受取りと支払いを計上している。

第1次所得収支　　対外金融債権・債務によって得られる利子・配当金の収支状況を表すものである。たとえば、親会社と子会社との間における配当

金や利子の受払いが行われた場合に、計上される。その他に株式配当金、債券利子なども含まれる。

　日本の場合、今まで輸出によって外貨を貯め、その資金で海外に工場を建設したり会社を作ったり、また海外の株や債券を購入して対外純資産を増やしてきた。その資産から得られる利益の分配や受取利息による収入が大きくなっており、現在では経常収支のなかでも大きな存在となっている。

第2次所得収支　日本の居住者（外国人も含む）と非居住者[1]（日本人も含む）との間で対価をともなわない資産の受払いが行われたときの収支を表すものである。たとえば、官民の無償資金協力、国際機関への拠出金などがそれに該当する。

資本移転等収支　外国政府などに対して、対価の受払いをともなわない固定資産の提供、債務の免除などの収支状況を表すものである。

　一般的な経済取引を行うと、財・サービスの対価として金銭を支払うことになるが、日本政府が発展途上国に対して円借款を債務免除する場合には、対外資産の減少として扱われる。このような場合に、資本移転等収支に計上される。

2.2　金融収支

　金融収支は従来の投資収支と外貨準備増減を加えた勘定である。金融資産にかかる日本の居住者と非居住者間の債権と債務の受払いの収支状況を表している。たとえば、10％以上の株式や海外不動産を取得した場合や、金融派生商品の取引に加え、政府が保有する外貨も計上される。

　金融収支は、（資産の増加 − 負債（株式を含む）の増加）として計算される。日本の金融資産が増加すれば、金融収支は黒字となり、負債が増加すれば、

---

[1] 例外として大使館と駐留軍は除かれる。日本政府の在外公館は居住者であり、外国政府の在日公館は非居住者である。また日本に駐留する米軍は非居住者となる。

金融収支は赤字となる。

資本流入は金融収支ではマイナス（資産減少）、資本流出はプラス（資産増加）で表示される。

誤差脱漏　統計作成上の誤差を調整する項目が誤差脱漏である。

国際収支の実際の統計作成においては、どうしても把握しきれない部分が出てくる。それについては、把握しきれないものとして誤差脱漏という項目で調整を行っている。

たとえば、近年、インターネットを使って個人が海外から商品を輸入するケースが増加しているが、個人で輸入するケースはすべてを把握することはできないために国際収支には計上できず、どこの国でも誤差脱漏が増加している。

このように国際収支表は、外国部門との取引の状況を表したものである。特徴としては、経常収支と金融収支などを足し合わせると、その値はゼロになる。たとえば、輸入よりも輸出が多い場合には、経常収支は黒字となるが、円ではなくドルで支払いを受けたとすると、外貨は増加するため、それと同額の金融資産が増加することになり金融収支は黒字となる。このケースでは、経常収支は黒字、金融収支は黒字となり、合計するとゼロになる。

2.3　対外的経済力

一般に、途上国は所得水準が低く、インフラ整備や工業化のための元手となる国内の貯蓄が十分に蓄積されていない。途上国が工業化するためには、海外で国債を発行したり、企業が借入れを行うなど、海外からの資本に頼ることが多い[2]。海外から調達した資金で、新しい機械や技術を輸入して工業化を行う。

---

[2]　明治時代の日本も同様であった。イギリスで国債を発行して資金調達し、鉄道建設を行ったりした。

途上国では賃金率が低く、また通貨が安いため、外国企業にとっても生産コストが低い。そのため、外国企業が進出して工場を建設したりする。そこで低コストで生産される商品は、安価で販売されるので、外国企業の国際競争力は高くなる。つまり、途上国は、海外から輸入を増やして工業化を成し遂げ、やがて輸出が多くなるので経常赤字が減少し黒字化するという経路をたどることが多かった[3]。これら過去の事例から、経常収支はその国の対外的な経済力を示すといわれる[4]。

3　貿易乗数と輸入誘発効果

経常収支が変化したときに、自国の経済にどれだけの影響を与えるかを貿易乗数を用いて説明する。外国貿易を含む総需要と総供給の均衡式は、輸出を EX、輸入を IM とすると、$Y = C + I + G + (EX - IM)$ となる。

輸出は海外からの需要であるから、自国でコントロールできない。そのため、輸出は一定（$EX = \overline{EX}$）とするが、輸入は海外生産物に対する自国の需要であるため、その大きさは自国の所得の大きさに影響される。そのため、$IM = IM_0 + mY$ と表すことができる。

IM_0 は所得から独立した基礎的輸入であり、m は所得が1単位増加したときにどれだけ輸入が増加するかを表す限界輸入性向である。

ここで、輸出と輸入以外の需要項目を $C = \overline{C}_0 + a(Y - T)$、$I = \overline{I}$、$G = \overline{G}$、$T = T_0$ と定式化すると、均衡国民所得の決定式は次のようになる。

$$Y = \frac{1}{1 - a + m}(\overline{C}_0 - cT_0 + \overline{I} + \overline{G} + \overline{EX} - IM_0)$$

---

[3] 日本の高度経済成長期も、同じ経路を通ってきた（⇒第7章1）。
[4] ただし、世界最大の経済大国であるアメリカは、20世紀後半から経常赤字となっている。よって、アメリカの没落（やドルの暴落）が懸念され続けてきたが、実際にアメリカは最大の経済大国の地位を占めている。

このとき、輸出が ΔEX だけ増加すると、国民所得の増加は、

$$\Delta Y = \frac{1}{1-\alpha+m}\Delta EX \quad ①$$

となる。

このとき、$\frac{1}{1-\alpha+m}\left(=\frac{1}{\beta+m}\right)$ を外国貿易乗数とよぶ。

今、限界消費性向（α）が 0.8、限界輸入性向（m）が 0.05 で与えられているとする。このとき、輸出が 100 増加すると、

$$\Delta Y = \frac{1}{0.2+0.05}\times 100$$

$$\Delta Y = \frac{1}{0.25}\times 100$$

$$\Delta Y = 400$$

となる。つまり、輸出が 100 増加すると、国民所得は 400 増加する。

次に、輸出の増加分だけ経常収支が改善されるかどうかを考えてみよう。経常収支を NX とすれば、$NX = EX - IM$ であり、両辺の増分をとると、

$$\Delta NX = \Delta EX - \Delta IM \quad ②$$

となる。ここで輸入は、

$$\Delta IM = m \cdot \Delta Y \quad ③$$

と表せるから、

$$\Delta Y = \frac{1}{\beta+m}\Delta EX$$

を③式の右辺に代入すると、

$$\Delta IM = \frac{m}{\beta + m} \Delta EX \qquad ④$$

となる。④式の $\frac{m}{\beta + m}$ を輸入誘発係数という。これは、輸出が増加すると輸入が増加する大きさを示した係数である。

④式を②式に代入して整理すると、

$$\Delta NX = \frac{\beta}{\beta + m} \Delta EX \qquad ⑤$$

となる。$\frac{\beta}{\beta + m} < 1$ であるから、輸出の増加分ほどには経常収支は改善されないことが⑤式から読みとれる。

4 為替レート

　アメリカの商品を買う場合は、米ドルがないと買えない[5]。そのため、日本人（企業を含む）がアメリカの商品を購入するためには、日本円を米ドル（以下、単に「ドル」と表記する）に交換する必要がある。また、外国人が日本の商品を買うためには、日本円（以下、単に「円」と表記する）でないと買えないため、自国通貨を円に交換する必要がある。

　そこで、各国通貨の交換が市場で行われる。この市場を外国為替市場とよぶ。市場において需要と供給が出合うと、価格と取引量が決まるが、外国為替市場においても同様である。このとき、各国の通貨の交換比率が為替レートである。たとえば、1ドルが100円で交換されていたならば、ドル円レートは100円／ドルと表される。

5）　また、原油などいくつかの国際商品といわれるモノは、産出国がアメリカ以外の、たとえばアラブ諸国であっても、米ドルでないと買えないものがある。

もし、1ドルが100円で交換されていたとしよう。その後、ドルに対する需要が増加して、1ドルが110円となったならば、ドルの価値が上昇し円の価値が低下したことになるので円安・ドル高という。逆にドルの供給が増加して1ドルが100円から90円になったならば、ドルの価値が下がり円の価値が上昇したことになるので円高・ドル安という。

4.1 為替レートの変化

説明を単純化するため、ここではドルと円についてのみ、みていこう。外国為替市場で、どのような原因があるとドルの需要や供給（または円の需要や供給）が増減するだろうか。

たとえば、日本の景気が良くなり、所得が増えてアメリカの商品を買う日本人が増えると、円を売ってドルを購入する必要があるためドルへの需要が増え円安・ドル高となる。また、世界的に景気が良くなり、日本製品への需要が増え輸出が増加すると、円が必要になるため、円への需要が増えて円高・ドル安となる[6]。

ドルへの需要が発生するケースとしては、日本が外国から原材料や商品を輸入するほかに、外国の債券や株式、不動産などを買う場合がある。また、ドルの供給が発生するケースとしては、外国が日本の商品を買う（日本の輸出・外国の輸入）ほかに、外国の株や債券、不動産などを買う場合がある。

このようにドルへの需要と供給には、財やサービスの貿易の決済のための経常取引と、株・債券や土地（ストック）の売買である資本取引の2つがある。

4.2 経済への影響

為替レートの変動は、輸出および輸入に影響を与えるため、景気にも影響を与える。

---

[6] どうしたら円高（円安）になるのかを説明する為替レートの決定理論は、モノの価格に着目する説や利子率に着目する説など、さまざまなものがある（⇒第9章2）。

円安になると、外国人にとって日本製品が安くなることを意味するので（外国の輸入が増え）日本の輸出が増える。たとえば、100万円の日本の自動車を買うとき、1ドル100円であるならば、アメリカ人は1万ドル（＝100万円÷100円）支払う必要があるが、1ドル125円と円安・ドル高になれば、8,000ドル（＝100万円÷125円）で買えるようになる。

　もっと身近な問題でみてみると、1ドル＝100円から1ドル＝110円となった場合、アメリカのパンを5個買うとしたら、これまでは500円ですんでいたものが550円必要となる。もし、日本の企業が海外の企業を200億ドルで買収しようとしたら、2兆円（1ドル＝100円）ですんだものが2.2兆円（1ドル＝110円）必要となり、差額は2,000億円にもなる。

　個人のケースでは小さな金額ではあるが、企業からすれば為替レートの変化に大きな影響を受けることになるため、為替レートの変化に注目することは重要である。

4.3　為替レートと物価

　為替レートと物価の関係も重要である。国内の物価が上昇すれば、その分、自国の通貨価値は低下する。たとえば、1ドル＝100円で取引していても、物価の上昇を考慮したとき1ドルが120円に相当することになれば、海外との取引額は名目上では増加することになる。実質的な為替レートは変化していないにもかかわらず、名目上では変化しているため、物価の変化は為替レートに大きな影響を与える。

　この点を考えるうえで参考となるのが、イギリスの経済誌『エコノミスト』が1986年9月に公表したビッグマック指数である。

　ビッグマック指数は、マクドナルドで販売されているビッグマック1個の価格を比較することで、各国の購買力を測るというものである。マクドナルドのビッグマックは、世界中どこで購入しても同じ品質であるため、どの国でも同じ価格で販売しているとみなせる。そこで、ビッグマックの価格を比較したのである。たとえば日本では、ビッグマックは1つ240円で販売され

ていたが、アメリカでは2ドルで販売されていた場合、1ドルは120円に等しいことがわかる。

　ここで、日本の物価が上昇し、日本のビッグマックが280円になった（アメリカでは2ドルのまま）とすれば、為替レートは1ドル＝140円になるはずである。しかし、実際の為替レートが1ドル＝120円であれば、購買力でみたときには日本は円高になる。

　円安になると日本の輸出が増えるが、外国にとっては輸入が増加することになるため、外国の景気にはマイナスの要因となる。為替レートの変化によっては、貿易摩擦が発生する可能性がある。世界大恐慌のときには、各国が通貨を引き下げ、自国の景気を良くしようとした（通貨切り下げ競争）ため貿易摩擦が発生し、第二次世界大戦勃発の原因の1つになったと考えられているほど、為替レートは経済に大きな影響を与える（⇒第9章1）。

第6章

貨幣市場と金融政策

　これまで、総需要の各項目についてみてきたが、景気をコントロールする方法は、政府支出の増加のように総需要を直接増加させる方法だけではない。金融によって、間接的に総需要をコントロールすることもある。たとえば、景気の変動に大きな影響を及ぼす投資は、利子率に大きく影響を受ける（⇒第3章2）。その利子率は、貨幣の需要と供給によって決定される。

1　貨幣需要と資金循環

　貨幣市場も、財・サービス市場と同様に、貨幣[1]の需要と供給が存在する。需要と供給によって価格と取引量が決まることは貨幣市場でも同じである。貨幣に対する需要と供給によって、貨幣の価格ともいえる利子率が決定される。

---

1) 貨幣とは、お金のことである。金という文字には貨幣という意味と金（gold）の意味があり、お金という単語を使うと間違いやすいため、貨幣という単語を使う。
　なお、通貨という単語もあるが、多くの場合は貨幣と同義で用いられる。あえて分けると、貨幣とはお金という概念全般を示すが、通貨とは政府が認定したお金を意味している。国別のお金である日本円、米ドル、人民元などは、その国で使われる政府認定のお金として通貨とよばれる。

図表 6-1 資金循環の図

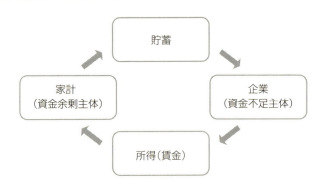

1.1 資金の余剰主体と不足主体

　資金を提供するサイドは資金余剰主体といわれ、家計がこれにあたる。企業や政府・外国が需要する資金は、家計が貯蓄として提供している[2]。

　企業が設備投資を行ったり政府が公共投資をするには、元手となる資金が必要である。一般的にいえば、企業や政府は、貨幣市場において資金を調達する立場となるので資金不足主体といわれる。

　企業は、資金を調達して投資を行うが、資金を回収するのは将来のこととなる。そのため、まず資金を調達する必要があることから、企業は資金不足主体となる（図表 6-1）。

---

[2] 家計の貯蓄が十分でない途上国では、資金不足によって投資や政府支出を行うことができず、経済成長できないケースが多くみられる。その場合、外国からの資金提供に頼らざるをえない。日本も明治時代において、国内の貯蓄が不足していたため、海外から資金調達を行った。イギリスで国債を発行して鉄道を建設したり、日清戦争での賠償金で八幡製鉄所を建設したりして、日本の産業革命が進んだ。

2 貨幣需要

金融市場における需要と供給で貨幣の取引量と、貨幣の価値である利子率が決定されるが、本節では、人々が貨幣を需要する理由と、利子率との関係について学んでいこう。

ケインズは、人々が貨幣を需要する理由として、取引動機、予備的動機、投機的動機の3つをあげた。

2.1 取引動機

人々が市場で取引を行うには、貨幣が必要である。これを取引動機という。
すなわち、モノやサービスの取引をするときに貨幣と交換するため、人々は取引に必要と思われるお金を保有しようとする（これを貨幣の需要という）。

予備的動機　人々は常に不測の事態に遭遇する。たとえば交通事故にあい、緊急にお金が必要になることがある。万一のときのために、貨幣を用意することを予備的動機という。予備的動機による貨幣保有は、利子率の変化の影響も受けないため、取引動機に含められる。

2.2 投機的動機

ケインズは、人々が貨幣を需要する動機は、取引動機や予備的動機のほかに投機的動機があると主張した。ケインズは、資産選択という視点から、世の中には現金のほかに金融資産（その代表例として債券[3]）が存在するケースを考えた。たとえば現金1,000万円をもっていた場合で、そのまま現金でもち続けるのか、債券を買うのかといった2つの選択肢があったとき、人々はどちらを選ぶだろうか。債券を購入すると利子を得ることができるが、現金

---

[3] 債券とは借入証書のことである。違いは、債券は債券市場で売買されているため、その保有者は売却により満期前に資金を回収できたり、投資者は貸付期間の途中に購入して利子を手にすることができる。

のまま保有すると利子を得ることはできない。損得を考えれば[4]、人は利子が得られる債券を買うべきであるが、債券ではモノを買うことはできない。

ケインズは、人々は商品の取引を行うために必要最低限の資金は現金で保有し、それ以外の資金はできるだけ債券を保有すると考えた。

では、必要最低限の資金は、どのような理由で決めるべきであろうか。人々が債券を保有しようとするかどうかは、利子率の水準が大きな影響を与える。債券価格と利子率の関係をみると、債券価格が上がると利子率は下がり、債券価格が下がると利子率は上がる。

債券価格↑⇒利子率↓、債券価格↓⇒利子率↑

利子率が低いときは、債券価格が高く、その先は債券価格が下がるしかないと予想される。だから人々は債券をもったままだと損をしてしまうので、債券を売り現金に換える（貨幣を需要する）。

逆に利子率が高いときは、債券価格が安く、その先は債券価格が上がるしかないと予想される。このとき人々は債券を買うと儲かるので、できるだけ現金はもたず債券を買おうとするので貨幣に対する需要が減る。

2.3　債券価格と利子率の関係

利子率と債券価格は反比例する。なぜ反比例の関係となるのか、その理由を考えてみよう。なお、話を単純化するため、債券の利子率は常に発行された時点の利子率と同じであり、満期になり償還されるまで利子率は変わらず、人々は債券市場において現存する債券を自由に売買できるとしよう。

昨年の利子率は3％で今年の利子率は2％と、1年間で利子率が1％下がったケースを考えてみる。昨年に発行された債券は、利子率3％であり、

---

[4]　経済学は、人は経済人であるという前提で形成された。すなわち、人はもっぱら経済的合理性のみに基づいて個人主義的に行動するというもので、たとえば手に入れた紙幣を捨てたり燃やしたりしないし、2つの選択肢があれば、利益が大きい（損失が小さい）ほうを選択するということである。

今年になって金融市場での利子率が2％になったとしても、この債券を保有している人は3％の利子を得られる。それに対して、これから発行される債券は利子率が2％として発行される。

昨年発行された利子率3％の債券と、これから発行される利子率2％の債券の、どちらも債券市場で自由に買うことができる。もし、両者が同じ価格で購入できるならば、人々は多くの利息を得られる利子率3％の債券を買おうとするだろう。よって、昨年に発行された利子率3％の債券は買われ、その債券の価格は上昇する。

このように、利子率が低下すると、昨年に発行された債券は、現状の利子率よりも高い利子率であるため買われ、その債券価格は高くなるのである。

2.4　貨幣需要と利子率

取引動機（と予備的動機）に基づく貨幣需要は利子率の影響を受けない。しかし、投機的動機に基づく貨幣需要は利子率とは反比例の関係にある。したがって、貨幣需要全体でみると（利子率に反応する部分があるため）、貨幣需要と利子率は次のような反比例の関係となる。

　　　利子率↓⇒貨幣需要↑、利子率↑⇒貨幣需要↓

つまり、利子率が低い（これから利子率が上昇する、すなわち債券価格が下落すると予想される）ときには債券を買うよりもタンス預金をしていたほうが良いとして貨幣需要が増加し、利子率が高い（これから利子率が低下する、すなわち債券価格が上昇すると予想される）ときには債券を買ったほうが良いと考え、貨幣需要が低下することになる。

3　貨幣供給

次に、貨幣の供給についてみることにする。

日本銀行は、発券銀行として貨幣を供給する。貨幣の発行量が増加すれば、貨幣供給量も増加することになるため、日本銀行が貨幣量をコントロールしている[5]。

もし貨幣供給量が増加すれば、市場にお金が多くなり、企業は資金を調達しやすくなる。銀行にとっては、資金を貸すことができなければ収益をあげることはできないので、利子率を下げ、より多くの企業に貸出しをする。このように貨幣供給量が増加すれば利子率は下がることになる。

逆に、貨幣供給量を減少させれば、市場にお金が少なくなり、資金は調達しにくくなるので、少々利子率が高くても銀行などで借りることになる。そのため、貨幣供給量が減少すると利子率は上昇することになる。

貨幣供給量を増減させることによって利子率を変動させることを金融政策という。金融政策には金融緩和政策と金融引き締め政策がある。

4　金融政策

景気が悪くなったら、日本銀行は金融緩和政策を行うことがある。つまり、貨幣供給を増加させて利子率を下げて、企業が資金を借りやすい状態を作り、投資を増加させようとする。投資が増加すると有効需要が増加して、生産が増加するため、景気が改善すると期待される。

　　　金融緩和政策⇒貨幣供給↑⇒利子率↓⇒投資↑（＝需要↑）⇒景気↑

逆に景気が過熱すると、企業の投資が急増する（⇒第3章1.2）。このとき日銀は総需要を抑制するため貨幣供給を減少させる。これが金融引き締め政

---

[5]　厳密には、貨幣は、中央銀行が供給した貨幣をもとに、銀行が供給している（⇒第10章2）。

策である。

　貨幣供給が減少すると、資金が必要な人々にとっては、利子を多く支払っても資金を借りたいと思うため、利子率は上昇する。

　利子率が上昇すると、企業は資金を借りづらくなる。よって、投資が減少して需要が低下し、過熱した景気を冷やすことができる。

　　　　金融引き締め政策⇒貨幣供給↓⇒利子率↑⇒投資↓（＝需要↓）⇒景気↓

　しかし、金融政策は常に有効ではない。金融政策が有効であるためには、以下の2つの条件が成立する必要がある。

- 貨幣供給量を増加させたときに利子率が低下すること。
- 利子率が低下したときに投資が増加すること。

　まず、貨幣供給量を増加させたとき、利子率が低下する。しかし、貨幣供給量を増加させても利子率が低下しない状況が存在する。この状況は、流動性のわなとよばれ、利子率がきわめて低水準にある状態のことをいう。流動性のわなの状態にあると、いくら貨幣供給量を増加させても利子率は低下しない。

　次に、利子率が低下したときに投資が増加しないようなケースでは、いくら利子率を低下させても投資が増加しないため、国民所得は増加しない。たとえば、不況になれば企業はリスクを避けるために、将来の収益を低く見積もり、たとえ利子率が低下したとしても投資を増加させようとはしない。結果として、投資が利子率に反応しなくなる。利子率の変化に投資が反応しなければ、国民所得も増加しない。そのため、このようなケースでは金融政策は有効ではなくなる。

第 2 部　戦後日本のマクロ経済

第1部では、私たちの暮らす経済社会の基本的な仕組みや、経済活動の大きさのとらえ方を学んだ。この第2部では、私たちがより豊かに暮らすために、現実社会における経済活動の何に注目し、どのように対応すればよいのかを考えてみよう。

　これは、経済の「変化の仕組み」を理解することともいえる。経済が、なぜ、どのように変化するのかを明らかにすることで、私たちの経済社会が抱える課題の解決策を見つけ出すことができる。

　そこで、第2部では戦後の日本経済の発展と停滞の要因を、景気、成長、物価、失業、為替、財政といった側面からとらえ、先人たちの取り組みをたどりながら、今日の私たちが直面する経済問題の解決方法を探ることとしよう。

第7章

景気循環と経済成長

　経済成長とは、一国の経済規模が拡大することである。経済の規模の大きさを測る指標はGDPであるが、それが毎年どのくらい伸びているかを測ったものが経済成長率である。つまり、GDPの増加率が経済成長率となる。

　図表7-1をみると、高度経済成長期から現在までの日本経済は3つの時期

図表7-1　日本の経済成長率

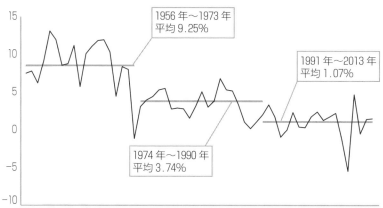

出所：内閣府HP「国民経済計算」のデータを使って作成。
　　　http://www.esri.cao.go.jp/jp/sna/data/data_list/sokuhou/files/2014/qe143_2/gdemenuja.html

に分けられることがみてとれる。1956年～1973年の日本の経済成長率が平均で9.25%であったいわゆる高度経済成長期と、平均3.74%であった1974年～1990年の安定成長期、そして平均1.07%である1991年以降のデフレ期である。

しかし、高度経済成長期においてGDPは恒常的に増加し続けたわけではない。GDPの増加率は上昇したり低下したりして、経済成長は上昇や下降を繰り返していく。これを景気循環とよぶ。

1 高度経済成長期

日本の経済成長率は1950年代から1970年代にかけて上昇し、平均9.25%の成長を遂げた。いわゆる高度経済成長期である。この時代、世界の奇跡といわれるほどの経済成長率を日本経済は達成し、日本は第二次世界大戦の敗戦から立ち直り、先進国の仲間入りをした。

国際要因　高い経済成長率を可能にした要因は何であろうか。景気が良くなるには国内だけの要因だけではなく、諸外国の経済状況からも非常に大きな影響を受ける。たとえば、1950年に朝鮮戦争が起きたことで、国連軍（アメリカ中心）は戦争に必要な物資を日本企業に発注した。このため、車両の整備・修理、陣営建設に使われる各種鋼材やセメントなどを扱う日本の企業へ特需[1]が生まれた。とくに、繊維業は土のう用の袋や、軍服・毛布、テントなどの受注を受け好業績となった。朝鮮戦争の後方支援物資に対する需要は、予想されていなかったことから朝鮮特需とよばれた。

また、注文が主にアメリカからであったため巨額のドルを得ることができた。当時の為替レートは、1ドル360円であり、輸出が増加した（⇒第9章3）ことで、GDPの増加率は高まっていった。

---

[1] 一過性な出来事（例：戦争・オリンピック・災害の復旧）によって、需要が通常よりも大きくなることを特需という。

朝鮮戦争が停戦となっても、国際的な緊張は続いた。アメリカを中心とする資本主義国による西側陣営と、ソ連を中心とする社会主義国による東側陣営の対立、いわゆる冷戦が1989年まで続いた。地理的に東アジアにおける西側陣営の最先端に位置した日本をアメリカは支援して、東側陣営に対抗する必要があった。その支援策の1つが、1ドル360円で為替レートを維持することであった[2]。

1ドル360円という為替レートは、当時の日本の経済力を勘案すると、円安であったと考えられている。円安の効果としては、輸出は有利に、輸入は不利になることが挙げられ、日本経済全体をみると輸出が増加して輸入が減少する。外国からの需要（外需：$EX-IM$⇒第5章3）が増えるので、純輸出（輸出−輸入）が促進されることで日本のGDPが増加し、日本の経済成長につながった。

国内要因　円安の効果もあり、日本の賃金率（労働コスト）は国際的にみて安かった。終戦で、国外で戦っていた多くの軍人が退役して帰国し、敗戦の結果失った植民地からも多くの人が帰ってきた。しかし、国内では工場などの多くの働き場所が、戦火によって失われていた。職を探す人は多いのに求人は少ないため、国内での賃金率（労働コスト）が低く抑えられた。

日本の企業は、労働者を安い賃金率で雇用し、製造コストを低くすることができたので（円安もあって）海外に安く輸出できた。また、日本企業のコスト削減を支援する目的もあり、日本銀行は国内の利子率を低めに誘導すべき金融政策（⇒第10章3）を行った。

これらの要因によって、日本は国内で良い品質の製品を低コストで生産し、それを安い価格で海外に輸出できた。輸出によってGDPが増加すると所得も増えるので、日本人は多くの消費財を購入し、消費が増加した。それが国内の投資を拡大させ、またGDPが増加して所得が増え、消費の拡大につな

---

[2]　当時の日本の経済上のライバルであった西ドイツから円安批判が起きたが、日本はアメリカの暗黙の支持により、円安修正を行わずにすんだ。

がった。これが連鎖的に日本のGDPを成長させた。

$$輸出↑⇒所得↑⇒消費↑⇒投資↑⇒所得↑⇒消費↑⇒……$$

2　景気循環の理論と実際

　景気は変動していくため、波にたとえられ、景気循環とよばれる。図表7-2をみると、GDPが増加するときは山となり、低下するときは谷となる。景気の谷から山までを景気拡張期、山から谷までを景気後退期とよび、谷から谷、あるいは山から山までを1つのサイクルという。
　高度経済成長期においても、神武景気、岩戸景気、オリンピック景気、いざなぎ景気などの波が存在していた。
　景気循環の波は、時間が関係する。好景気と不景気がどのくらいの周期で発生しているのかがわかれば、政策も行いやすい。しかし、どの期間でみるかで、景気循環の波の見方も変わる。たとえば、長期にわたってみれば、山と谷の間は長くなるが、短期でみた場合、この山と谷の間は短くなる。

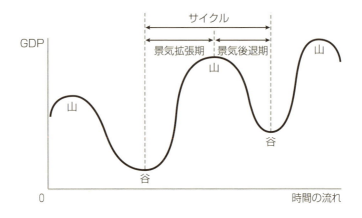

図表7-2　景気循環

長期・短期の景気循環の波が起きる原因は何であろうか。日本経済の歴史をたどりながら景気循環についてみてみよう。

2.1 キチン循環（在庫循環）

約40か月の比較的短い周期の循環を、キチン循環[3]、または短期波動ともよぶ。シュンペーター[4]の景気循環論によってキチン循環と名づけられた。主に企業の在庫変動に起因すると考えられる。

企業は、需要に応じて財の生産を増加させたり減少させたりする。しかし、将来の需要は正確に把握することができない。たとえば、企業はお客さんがいつ買いに来ても対応できるように、ある程度の在庫を確保している。もし、十分な在庫を確保しておかなければ、せっかくお客さんからの注文を受けても売るモノがなく、売るチャンスを逃してしまう。

企業は、どれくらい売れるかについて正確な販売予測はできない。そのため、在庫をどれくらい保管すればいいのか判断がつかない。そこで、基本的に企業は、実際の需要に応じて在庫の数量を調整する。

図表7-3をみてみよう。縦軸に出荷をとり、中心を対前年同月比ゼロとする。つまり縦軸で、中心よりも上は出荷が増加していることを、中心よりも下は出荷が減少していることを示す。また、横軸は生産をとり、中心を対前年同月比ゼロとする。よって横軸で、中心よりも左は生産が減少していることを、中心よりも右は生産が増加していることを示す。

このとき、キチン循環は時計回りに回る。なお、図表7-3は、単純化のために円のように描いているが、実際にはイビツな形となる。また、右上がりの点線が描かれおり、①から⑥の6つの局面に分かれている。

---

[3] アメリカの統計学者ジョセフ A. キチン（1861年～1932年）が1923年に論文で主張したことから、この名がある。

[4] ヨーゼフ・シュンペーター（1883年～1950年）。オーストリア（現在のチェコ）に生まれ、アメリカで活躍した経済学者。景気循環や経済成長の研究を行ったほか、起業家が行う不断のイノベーション（革新）が経済を変動させるという理論が有名である。

図表 7-3　キチン循環

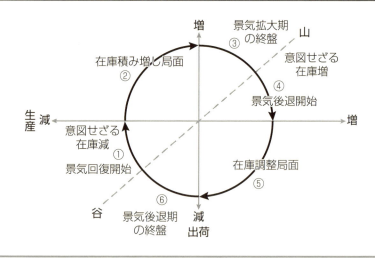

　それではなぜ時計回りになるか、①から⑥が、どのような局面なのかについてみていこう。

意図せざる在庫減　①の部分が、意図せざる在庫減といわれる時期を示す。それまでの⑥は景気が後退しているため、生産が減少し出荷も減少している。しかし①に入ると、景気が回復し始めて需要が増え、出荷が増え始める。しかし、企業はいまだ景気が回復してきたという認識がないため、生産は減少気味である。よって在庫が減少するので①の位置となる。

　企業が景気回復を意識していないため、当初に企業が想定していた以上に在庫が減少するが、その減少は企業の意図ではないことから、意図せざる在庫減とよばれる。また、景気がそれまでの後退局面から回復局面に移るので、点線の左下が景気の谷を示している。

在庫積み増し局面　②は、出荷がどんどんと増加していく景気回復局面である。増産しても在庫がなかなか増えないことから、企業は景気が回復して

いることを認識し、増産して在庫を積み増す期間である。

景気拡大期の終盤　③は、出荷が低迷し始める景気拡大期の終盤である。この③の時点では、企業はいまだ景気拡大が鈍化していることを認識していないため、増産を維持している。

意図せざる在庫増　④は、意図せざる在庫増といわれる時期を示している。景気後退が始まり、出荷が減少してくるのに、企業はいまだ認識しておらず増産を維持しているため、在庫が増加してしまう。企業が意図していた以上に在庫が増加するため、意図せざる在庫増とよばれる。

　また、景気がそれまでの拡大局面から後退局面に移るので、点線の右上が景気の山を示す。

在庫調整局面　⑤は、出荷がどんどんと減少していく景気後退局面である。減産しても在庫がなかなか減らないことから、企業は景気が後退していることを認識し、減産して在庫を減らそうとする期間である。

景気後退期の終盤　⑥は、出荷が回復し始める景気後退期の終盤である。この時点では、企業はいまだ景気後退が縮小していることを認識していないため、減産を維持している。

　以上、みてきたように、企業は増産や減産をして、生産の調整を行う。企業が増産すれば景気は良くなり、減産すれば景気は悪くなるという波を作るのがキチン循環である。

　ただし、現在ではキチン循環が、次第に不明瞭になっていることが明らかになっている。これは、産業のIT化が大きい。小売店のレジがメーカーとネットワークで直接つながり、リアルタイムで売上高を把握できるため、もつべき在庫量を少なくできるようになったためと考えられている。

2.2 ジュグラー循環（設備投資循環）

19世紀のイギリスでは、10年周期で不景気が発生した。当時、企業は生産物をすべて売ることができると考えられていた。もし生産物が余りそうになると企業が価格を下げ、その結果、買い手（需要）が現れるため売れ残りは発生しないとされていた。しかし、実際には10年周期で、売れ残りを原因とする不景気が発生していた。

なぜ10年周期の景気循環が起きるのか、さまざまな研究が行われた。そのなかで注目されたのが、ジェヴォンズ[5]の太陽黒点説である。

太陽黒点説　ジェヴォンズは、太陽黒点面積の増減は10年から11年ほどの周期があることに対して、穀物価格の騰貴・下落にもほぼ同様の周期があり、恐慌の発生にもまた同様の周期があると実証的に説明した。

データが残る1789年以来、黒点数がゼロやピークの時期には、大きな経済的・政治的な大事変や自然の異変・災害などが発生している。たとえば近年においては、太陽黒点数が多い1989年には日経平均が史上最高値38,915円をつけた。黒点が少なかった1997年は、北海道拓殖銀行や山一證券などの破綻が続いた年である。また、黒点が多かった2000年には、ITバブルといわれるほど世界の情報通信株が暴騰した。2008年～2009年の谷はリーマン・ショックと世界金融危機であり、株価が暴落した2009年8月には96年ぶりに太陽黒点数がゼロを記録した。

設備投資循環　現代において、10年周期の景気循環は、企業の設備投資の増減が景気循環の主な要因と考えられている。ジュグラー[6]が1860年の

---

[5] ウィリアム・スタンレー・ジェヴォンズ（英1835年～1882年）。太陽黒点説のほかに、効用（限界効用）による価値理論が有名で、同時代のワルラス、メンガーとともに、経済学に限界革命を起こした（⇒序章1.2）。
[6] クレマン・ジュグラー（1819年～1905年）。フランスの医師で経済学者。景気の循環に規則性があることに最も早く気づいた1人である。

図表7-4　投資が投資をよぶ

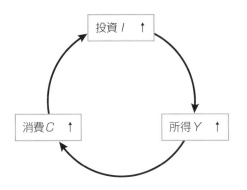

著書に書いたことから、シュンペーターの『景気循環論』において、ジュグラー循環[7]として説明された。

たとえば、自動車メーカーが生産拡大のために工場を建設するとしよう。自動車メーカーは、まず工場の建設のために建設会社へ依頼する。さらに、自動車を作るための機械も必要となるため、機械メーカーへの発注もし、鉄鋼会社やセメント会社へも発注することになる。それを受け、建設会社や機械メーカー、製鉄会社、セメント会社は、原材料やエネルギー、人材等を集め、工場を建設することになる。

原材料などについては、他の会社への注文となるため、ある会社の設備投資が別の会社の投資を招くことになる。

経済全体でみた場合、投資が増えると所得が増えることにつながるため、消費も増える。そうなれば企業は売上が増えるので、工場を大きくしたり機械を導入したりして、さらに投資を行う。この連鎖反応を、「投資が投資をよぶ」という（図表7-4）。

この約10年の周期をジュグラー循環という。日本経済における代表的な

---

[7] ジュグラー循環は、その波動の長さから中期循環、また企業の設備投資に関係するため建設投資循環、また景気循環の波動の代表とされることから主循環ともいわれる。

ジュグラー循環は、神武景気と岩戸景気、いざなぎ景気にみられる。

神武景気　神武景気は、日本の高度経済成長期の始まりで1954年12月から1957年6月までに起きた爆発的な好景気[8]をいう。投資の拡大から好景気となった例である。

神武景気は、家計の所得を増加させ耐久消費財ブームを発生させ、とくに、冷蔵庫・洗濯機・白黒テレビが三種の神器[9]といわれ、多くの家庭に普及していった。また、このとき日本のGDPは、戦前の最高水準を上回るまで回復し、1956年の『経済白書』に「もはや戦後ではない」と記され、戦後復興の完了が宣言された。

しかし、1957年には、神武景気は経常収支の悪化により急速に冷え込んだ。原油など原材料を海外から輸入するためには、円では購入することができず、米ドルでなければ購入できない（現在もほぼ同じである）。神武景気で日本の輸入が増えると米ドルの支払いが増え、外貨準備高が減ったことで、輸入ができなくなってしまった。

そこで輸入を抑えるために景気を冷やすことが必要となり、金融引き締め政策を行わざるをえなくなったのである。当時、絶頂だった日本の経済成長のアキレス腱は外貨不足であり、国際収支の天井（経常収支の壁）といわれた。

その結果、石炭や海運産業などの企業の多くが減益・減収、資金不足に陥り、操業短縮により在庫調整を行わざるをえなかった。この不況期間を、なべ底不況[10]という。

---

[8] 日本初代の天皇とされる神武天皇が即位した年以来、例をみない好景気（31か月続いた）という意味で名づけられた。

[9] 日本の歴代天皇が継承してきた三種の宝物を三種の神器という。転じて、新時代の生活必需品として宣伝された3種類の耐久消費財であり、旺盛な消費の象徴となった。

[10] この不況について、1958年の経済白書が「不況は中華鍋の底を這う形で長期化する」という見解を示したことから、なべ底不況の名がついた。しかし、この予測ははずれ、1958年後半から急速に回復して岩戸景気に移行した。

岩戸景気　1958年7月から1961年12月まで42か月にわたり好景気が続き、岩戸景気[11]といわれた。日本の技術力が飛躍的に発展し、家電産業、自動車産業が発展した。

なべ底不況では、それまでの日本を支えていた石炭や海運の会社が赤字に陥った。それに対して岩戸景気では、新しい輸出の主役となりつつあった家電産業や自動車産業が急速に発展した。

この時期、若年サラリーマンや労働者の収入が急激に増加して国民の間に中流意識が広がった。この中流階層が、大量消費社会のリード役を果たした。大量生産・大量消費の時代となり、スーパーマーケットなどの大型店舗が出現し、豊富な品揃えと大幅な値引き販売で顧客を集め、流通経路に革命的な変化をもたらした（流通革命）。

いざなぎ景気　岩戸景気の後、旺盛な建設需要によるオリンピック景気（2.3項で説明する）とその反動である40年不況を経て、いざなぎ景気[12]が始まった。

いざなぎ景気は、1965年11月から1970年7月までの好景気を指すものである。造船、鉄鋼、石油化学工業を中軸とするコンビナートが全国へ広がり、カラーテレビなど家電製品および自動車などの普及が対米輸出拡大とあいまって投資が拡大していった。これにより、車（car）、クーラー（cooler）、カラーテレビ（color TV）が、新三種の神器（または3C）とよばれ、消費も大幅な伸びがみられた。

いざなぎ景気の間に日本経済は大きく拡大し、GDPは西ドイツ（当時）を追い抜いて世界第2位の経済大国となった。

---

11)　景気拡大期間が42か月と神武景気よりも長く続いたため、日本神話における神武天皇の前に起きたとされる岩戸神話から名づけられた。

12)　この名前は、神武景気や岩戸景気を上回る好況という意味を込めて名づけられた。いざなぎとは日本神話で、日本列島をつくったとされる男神である。

2.3 クズネッツ循環（建設循環）

住宅や商工業施設などの建設期間と、建築物の建て替え期間に相当する約20年の周期で景気が循環することを明らかにしたクズネッツ[13)]にちなんで、クズネッツ循環とよばれる波がある。

約20年という周期は、建築物の耐用年数が20年であるものが多いためである。景気が良い時代に多くの建築物が作られた場合、耐用年数が到来する20年後に、それらが建て替えられることが多くなり、それが景気を良くするという、建設需要に起因するサイクルと考えられ、建設循環ともよばれる。

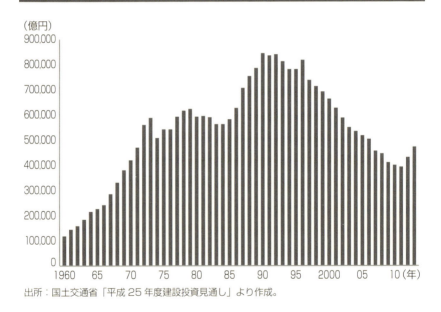

図表7-5　日本の建設投資の推移

出所：国土交通省「平成25年度建設投資見通し」より作成。

---

13) サイモン・スミス・クズネッツ（1901年〜1985年）は、ロシア生まれのアメリカの経済学者である。計量経済学を発展させてマクロ経済理論の発展に大きく寄与し、1971年にノーベル経済学賞を受賞した。

オリンピック景気　1964 年に東京オリンピックが開催された。それにそなえ東海道新幹線や首都高速道路などのインフラ整備や、国立競技場、日本武道館などの競技施設が整備され建設需要が高まった。

　建設投資を時系列的にみると、1960 年から建設投資は伸びていたが、1980 年から 1984 年までにいったん落ち着いている（図表7-5）。

　また、1985 年以降から建設投資は増加していき、1996 年から急激に下落している。おおよそ、1985 年の数値になったのは、2002 年～2003 年である。以上のことから、およそ 20 年弱で一循環していると考えられる。

　このように、建設投資は 20 年程度で増減を繰り返し、景気もそれに連動して循環したことがわかる。

2.4　コンドラチェフ循環

　景気循環でおよそ 40 年から 60 年程度の周期があることが、コンドラチェフ[14]の研究から明らかにされた。そこから、コンドラチェフ循環と名づけられたが、この波は技術革新による循環であるとシュンペーターは主張した。

　シュンペーターによれば、3 つの波があるとしている。第 1 のコンドラチェフの波が 1780 年代から 1840 年代までの間であり、これは紡績機、蒸気機関の発明・発達による産業革命によるものである。第 2 の波が 1840 年代から 1890 年代の鉄道の建設、1890 年代以降の第 3 の波は、エレクトロニクス（電気）・化学・自動車の発展によるものだとしている。

　コンドラチェフの波に従えば、1990 年代の情報・通信技術の発展が第 4 波の始まりであるとも考えられる。

---

14)　ニコライ・ドミートリエヴィチ・コンドラチェフ（1892 年～1938 年）は、ソ連の経済学者である。モスクワの景気研究所の創立者・所長として、ソ連経済の復興と発展に貢献した。

3 景気動向指数

景気の動きをみるため、日本では内閣府が毎月、景気動向指数を発表している。これにはディフュージョン・インデックス（DI）とコンポジット・インデックス（CI）があり、景気動向に先行して動く先行系列、景気動向と同時に動く一致系列、景気動向に遅れて動く遅行系列の3種類が発表されている（図表7-6）。

3.1 DI

さまざまな経済指標のうち、景気の拡大を示している指標の割合を示したものをディフュージョン・インデックス（DI）という。たとえば、一致系列のDI（一致DI）は11系列から作成されている[15]が、このうち5系列が良くなっていて4系列が横ばいならば、$(5+4\times0.5)\div11\times100(\%)=63.6\%$ ということになる。この数値が、50%を上回れば景気は拡張している、逆に50%を下回れば景気は後退していると判断する。

$$DI(\%) = \frac{\text{プラス指標の数} + \text{横ばい指標の数} \times 0.5}{\text{採用指標の数}} \times 100$$

先行系列　さまざまな経済指標のうち、景気の動向よりも早く動く（数か月先の景気を示す）ものを先行系列という。

たとえば、株価（東証株価指数）は人々の予想によって動く。すなわち、将来、景気が良くなると多くの人が思えば、実際に景気が良くなる前から人々は株を買うため株価は上昇する。よって、景気よりも先行して動く。

---

[15]　先行系列は11系列、遅行系列は6系列がある。具体的な系列は、内閣府HP「個別系列の概要」を参照。
http://www.esri.cao.go.jp/jp/stat/di/kobetu_gaiyou.html

図表 7-6　景気動向指数

先行系列	一致系列	遅行系列
最終需要財在庫率指数	生産指数（鉱工業）	第3次産業活動指数（対事業所サービス業）
鉱工業生産財在庫率指数	鉱工業生産財出荷指数	常用雇用指数（調査産業計）
新規求人数（除学卒）	大口電力使用量	実質法人企業設備投資（全産業）
実質機械受注（船舶・電力を除く民需）	耐久消費財出荷指数	家計消費支出（全国勤労者世帯、名目）
新設住宅着工床面積	所定外労働時間指数（製造業）	法人税収入
消費者態度指数	投資財出荷指数（除輸送機械）	完全失業率（逆）
日経商品指数（42種総合）	商業販売額（小売業）	
長短金利差	商業販売額（卸売業）	
東証株価指数	営業利益（全産業）	
投資環境指数（製造業）	中小企業出荷指数（製造業）	
中小企業売上げ見通し D.I.	有効求人倍率（除学卒）	

一致系列　さまざまな経済指標のうち、景気の動向と一致して動くものを一致系列という。

　たとえば、大口電力量を考えてみよう。大口電力量とは、工場が使う電力であるため、今まさに生産が行われている生産量と比例する。よって、実際の景気動向に一致して動く。

遅行系列　さまざまな経済指標のうち、景気の動向よりも遅れて反応するものを遅行系列という。

たとえば、企業の雇用を考えてみよう。景気が悪くなっても企業は残業を減らすなどして対応し、従業員を解雇するのは最後の手段とする。また、景気が回復したことを確認してから雇用を増やす。よって、景気の動きよりも遅れて動く。

3.2 CI

DI は、50% を境に景気が拡大局面か後退局面のどちらかを示すだけある。近年、景気変動の大きさや量感を把握することがより重要になっていることから、CI（コンポジット・インデックス）が 2008 年 4 月から発表され始めた。

この指数は、構成する指標の動きを合成することで景気変動の大きさやテンポ（量感）を測定することを主な目的としている[16]。

一般的に、一致系列の CI（一致 CI）が上昇しているときは景気の拡張局面、低下しているときは後退局面である。そして、一致 CI の動きと景気の転換点はおおむね一致するため、一致 CI の変化の大きさから、景気の拡張または後退のテンポを読み取る。

景気の基調をみるうえでは、経済活動の拡張（または後退）がある程度の期間で持続しているか、または、ある程度の大きさで変化しているかが重要とされる。したがって、一致 CI が続けて上昇（または下降）していても、その期間がきわめて短い場合は、拡張（または後退）とみなすことは適当でない。また、一致 CI がこれまでの基調と逆方向に十分に振れてから、その基調が変化したとみなすことが望ましい。

---

16) 内閣府 HP「景気動向指数の利用の手引」。http://www.esri.cao.go.jp/jp/stat/di/di3.html

第8章

物　価

　1973 年、アラブの産油国が原油の減産、原油価格の値上げを行い、第 1 次石油危機（オイルショック）が発生した。日本は国内の資源・エネルギーに乏しい国であり、それまでは海外から原材料や原油を輸入し、それを国内で加工し海外に輸出して経済成長を遂げていた。

　そこに原油価格が 1 年間に 4 倍にもなった[1] 石油危機が発生したことによって、原材料費が高騰した。さらに生産コストの上昇は、物価水準の上昇（インフレーション）を引き起こした。

　物価が経済に影響を与えた最大の例が、この石油危機である。この章では物価変動の仕組みと、失業率との関係について学んでいこう。

1　物価指数

　ミクロ経済学では、ある財やサービスの価値を示す指標を価格といい、価格を用いて分析を行う。それに対してマクロ経済学は、一国の経済全体を研

---

[1]　1973 年 10 月に、アラブ諸国とイスラエルの第 4 次中東戦争が始まると、アラブ諸国はイスラエルを支援している国（アメリカとオランダ）に対する石油の輸出を禁止し、非友好国への段階的な原油供給の削減を決めたのである。また、OPEC（石油輸出国機構：ペルシャ湾岸の産油諸国が参加する国際機関）は、原油価格の大幅引き上げ（1 バレルあたり 11.65 ドル）を一方的に決定した。

究するものであり、市場で取引されるすべての財やサービスなどの価格を総合的に表した物価で分析を行う。通常、物価指数は、個々の財やサービスの価格ではなく、多くの財やサービスの集合体（バスケットという）の物価水準を表している。

1.1　バスケット

　消費者が購入する財やサービスは、多種多様である。消費者が1年間に購入する財やサービスのすべてをバスケットという。一般にバスケットとは容器をさすが、経済学ではバスケットの中身をさすことに注意しよう。

　購入する財の種類や数量は、消費者（家計）によって異なる。そこで、物価指数を調査する機関が、モデルとして財の種類と数量を仮定して物価を算出する。

加重平均　物価は、各財・サービスの価格変動率の平均値である。ただし、物価を算出する際に用いる平均値は、単純平均ではなく加重平均を使う。

　例を簡単にするために、家計の支出を衣食住の3つに大別して考えてみよう。衣に関する支出の上昇率が5％、食に関する支出の上昇率が1％、住に関する支出の上昇率が0％であったときをみてみる。単純平均であるならば、3つのデータを加算してデータ数の3で除して2％（＝(5+1+0)÷3）となる。

　しかし、全支出に占める、衣食住の支出金額の割合であるウェイト（割合）を問題にしなければならない。たとえば、全支出が年間200万円であったうち、衣に関する支出額は40万円（ウェイトは20％）、食に関する支出額は60万円（ウェイトは30％）、住に関する支出額は100万円（ウェイトは50％）である家計にとって、単純平均である2％という平均値は意味があるだろうか。3分野のうち最も上昇率が高い5％であった衣に関する支出は20％しかなく、他の80％のウェイトを占める食と住に関する支出の上昇率は1％と0％であり、これを考慮しなければ、本当の上昇率はわからない。

　つまり、物価上昇率を算出するときは、ウェイトを勘案して算出する、加

重平均を用いる。前述の数値例では、物価上昇率は1.3%（＝5×0.2＋1×0.3＋0×0.5）となる。

基準年　物価を測定する場合において、バスケットに入っている財の種類やウェイトが問題となる。たとえば、1990年には携帯電話やパソコンはほとんど存在していなかった。ゆえに近年に比べて通信費が全体に占めるウェイトは少なかった。

　消費者が購入する財やサービスの種類や、全体に占める支出額のウェイトは、年を経過するごとに変化してくる。そこで、ある年を基準年とし、その年の財やサービスに対する家計消費支出額全体を10,000とする1万分比でウェイトを示す。

物価指数の算式　物価指数を加重平均するときに、基準年と比較年のどちらのウェイトを使うべきかという問題が生じる。基準年のウェイトを用いるとラスパイレス式、比較年のウェイトを用いるとパーシェ式という。

図表8-1　物価指数の計算例

		価格 (1kgあたり)	購入量	支出金額	ウェイト
基準時	お米	400円	20kg	8,000円	8/10
	みそ	200円	4kg	800円	0.8/10
	パン	120円	10kg	1,200円	1.2/10
	合計			10,000円	10/10
比較時	お米	420円	19kg	7,980円	7.75/10
	みそ	190円	4kg	760円	0.74/10
	パン	130円	12kg	1,560円	1.51/10
	合計			10,300円	10/10

(ある年の) ラスパイレス式の物価指数（％）=

$$\frac{\Sigma(財・サービスの比較年の価格 \times 財・サービスの基準年の購入数量))}{\Sigma(財・サービスの基準年の価格 \times 財・サービスの基準年の購入数量))} \times 100$$

図表 8-1 の数値例を使うと、ラスパイレス式の物価指数 p_1 とおくと、

$$p_1 = \frac{420 \times 20 + 190 \times 4 + 130 \times 10}{400 \times 20 + 200 \times 4 + 120 \times 10} \times 100 = \frac{10{,}460}{10{,}000} \times 100 = 104.6$$

となる。

図表 8-1 の数値例を使いパーシェ式の物価指数 p_2 とおくと、

$$p_2 = \frac{420 \times 19 + 190 \times 4 + 130 \times 12}{400 \times 19 + 200 \times 4 + 120 \times 12} \times 100 = \frac{10{,}300}{9{,}840} \times 100 = 104.67$$

となる。

ラスパイレス式とパーシェ式には、一長一短がある。現在の状況を知りたいならば、比較年である現在のウェイトを使うパーシェ式を使うことが望ましい。しかし、パーシェ式は、速報性が乏しい。過去である基準年のバスケットのウェイトは現時点でわかっているが、現在のウェイトを調査するには、時間がかかるためである。よって、消費者物価指数や企業物価指数ではラスパイレス式が使われるが、正確性が重視される GDP デフレーターではパーシェ式が用いられる。

1.2 物価指数

物価指数には、消費者物価指数と企業物価指数がある。消費者物価指数は、家計が購入する際の財を対象とした物価指数で、企業物価指数は企業が購入する際の財やサービスを対象とした物価指数である（図表 8-2）。

なお、土地や株価などのストック価格は含まれない。また、一般に消費者物価指数の算定品目には、サービス価格（運賃・ガス・電気代・美容室の料金

図表 8-2　消費者物価指数と国内企業物価指数の推移

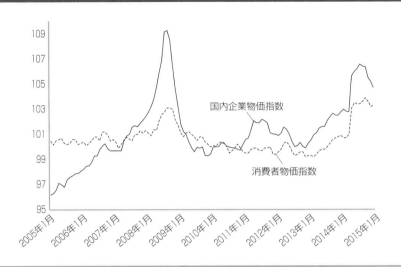

など）が含まれるが、企業物価指数にはサービス価格が含まれない。

2　インフレと失業率

　高度経済成長を成し遂げていた日本に、石油危機が襲った。安いアラブ産の原油にエネルギーを依存してきた日本の高度経済成長は、終焉を迎えることになった。

　この時代の大きな問題は、インフレーションであった。原油価格が1年間に4倍になるという経済状況のなか、1974年は消費者物価指数が23%も上昇し、戦後初のマイナス成長となった。本節では、石油危機を例にしながら、インフレについて学習していこう。

2.1　インフレとデフレ

　物価が継続的に上昇することを、インフレーション（インフレ）という。

物価が上昇するということは、逆にいうと、貨幣（お金）の価値が下がることを意味している。たとえば、1個100円の価値があるパンを100円で買うことができずに、同じパンを買うためには120円が必要になるということである。これがインフレである。

企業は、財の需要に応じて価格を変化させる（需要が多ければ価格を上げ、需要が少なければ価格を下げる）ため、需要が多すぎると、企業は値上げする。

消費者は、同じ金額で買える財の数量が少なくなれば需要量を減らしていく。しかし、景気の良い状態が続けば、所得が増加するため、財の需要は減らない。つまり、景気が良いときに発生するインフレが一度起きると持続するのは、こうした理由による。景気が良くなって需要が増加することによって発生するインフレを、ディマンド・プル・インフレーションとよぶ。

反対に、物価が下落した場合を考えてみる。物価が下落するということは、貨幣（お金）の価値が上がることを意味している。これがデフレーション（デフレ）であり、一度陥るとなかなか抜け出せない。

たとえば、物価が下落すると、企業の売上高は減少する。企業の売上高は、価格と数量をかけたものに等しいため、価格が下がれば、数量は減少しなくても、売上高は減少することになる。

そこで、企業で働く人々の賃金をみてみよう。生活を維持するという観点から短期的にみればあまり下がることはなく、原材料費も短期では変化することは少ないため、結果として企業の利潤は減少することになる。

企業は投資を抑え、雇用の調整を行う。それによって消費者の所得が減少する。人々は、所得が減少すれば消費を減らすため、企業はさらに生産を減らし雇用を減らす。これをデフレ・スパイラルとよぶ。

2.2 トレードオフ

ここで、物価と失業率の関係についてみてみよう。物価と失業率の間には、物価の上昇（インフレ）が激しくなると失業率は低下するものの、インフレが収まってくると失業率が上昇するという、どちらかが良くなると、どちら

図表8-3 フィリップス曲線

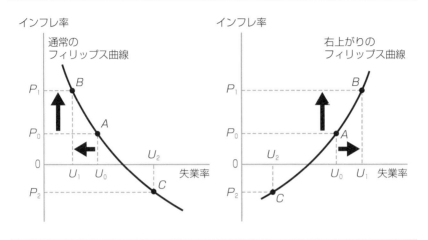

かは悪くなるというトレードオフ（二律背反）の関係にある。

政府や中央銀行が、景気を良くするために財政政策や金融政策を行うと、失業率は低下するが、景気の拡大にともなってインフレが進行するのである。よって、景気が過熱してインフレが激しくなると、失業率が上昇することを承知のうえで、需要を抑制するような政策を行わなければならない。また、景気が悪くなって失業率が高くなると、インフレが起きることを承知のうえで需要を高める政策を行わなければならない。

フィリップス曲線　失業とインフレのトレードオフの関係を示した曲線を、フィリップス曲線とよんでいる。1958年にフィリップス[2]が、1862年から1957年のイギリスの賃金の上昇率と失業率の数値を調べて、両者は負の相関関係があることを発表した。

---

2) アルバン W. フィリップス（1914年〜1975年）。ニュージーランド生まれで、イギリスで活躍した経済学者。当初のフィリップス曲線は、賃金上昇率と失業率のトレードオフとして観測された。

その後、サミュエルソン[3]は、賃金が上昇すれば必然的に消費が増え物価も上昇するため、インフレ率（物価上昇率）と失業率にも同様の関係が認められるとして、インフレ率と失業率にもトレードオフの関係があることを明らかにした。

インフレ率と失業率の関係を図にすると、図表8-3左のような右下がりの曲線として描かれる。

ここで、経済が任意の A 点にあるとき、物価が P_0 から P_1 へと上昇する（インフレになる）と、失業率は U_0 から U_1 へと低下し、B 点へと動く。反対に、物価が P_0 から P_2 へと下落すると、失業率は U_0 から U_2 へと増加して、C 点へと動く。

政策の選択　インフレが起きると、財やサービスの値段が上昇することに加えて、資金の貸し手から資金の借り手への所得の移転が起きる。たとえば、銀行から1,000万円借りている人がいるとしよう。10%のインフレが起きると、（多少のタイムラグがあるものの）賃金も上がってインフレの弊害が相殺されるのに対して、返済すべき借金の名目額は変わらないため実質的に負担が10%減ることになる。

すなわち、人によってインフレの損得が異なる。たとえば、住宅ローンを組んでいるサラリーマンにとって、インフレになると（物価上昇・賃金上昇により）、借金返済の負担は減少することになる。逆に、資金を貸しているような資産家は、債権額の名目値は変わらないことから実質的に損失を被ることになる。

フィリップス曲線の示すトレードオフは、政府の政策にインフレと失業の、

---

[3] ポール A. サミュエルソン（1915年～2009年）。アメリカの経済学者。理論経済学から応用経済学の分野まで幅広く活躍し、近代経済学の父ともよばれる。第2回ノーベル経済学賞を受賞しているが、「ノーベル経済学賞はサミュエルソンにノーベル賞を受賞させるために創設された」といわれていることからうかがえるほど、20世紀の経済学に貢献した。

どちらかの選択を迫ることを意味している[4]。政府としては状況によってどちらかを選ぶことになるが、その際、状況判断を間違えたり、政策変更に手間どったりすることがたびたび起きてきた（⇒第10章1、第11章1）。

3 石油危機とスタグフレーション

1973年に発生した原油価格の高騰は、エネルギー不足の日本経済に大きな影響を与えた。原材料費が上昇したため、企業は、上昇したコストを財・サービスに転嫁し、値上げを実施した。それまで景気が良かった日本では、すでにマイルドなインフレが起きていたため、本格的なインフレに火がつき、1974年には、消費者物価指数が約23.2%も上昇した。

インフレになれば時間がたつほど財やサービスの価格が上がる。石油危機のとき、トイレットペーパー騒動があった。なぜ、トイレットペーパーが急騰したのだろうか。それはスーパーマーケットなどが売り惜しみ（業者が倉庫にモノを隠して売らないこと）をして、トイレットペーパーが店からなくなるという噂が流れ、その結果、トイレットペーパーを買うために、人々がスーパーマーケットに行列を作るという現象が起きたのである。

このような2ケタの物価上昇率を、当時の福田赳夫蔵相は、「物価は狂乱状態（狂乱物価）」という言葉で表現している。

さらに、1978年末、OPEC（石油輸出国機構）が原油価格の値上げを行うと発表し、1979年にはイラン革命が起こり、イランでの石油生産が中断した。このため、原油価格が1年間に2.5倍まで上昇した。これを第2次石油危機という。しかし、第1次石油危機での学習効果があり、日本経済に対する影響は第1次石油危機ほど深刻なものにはならずにすんだ。革命の後、イランも石油供給を再開したため、数年後には原油価格が下落に転じて石油危機は終結した。

---

4) 英米でみられる二大政党制は、その対立の原因の1つにインフレ対策と失業対策のどちらを重視するかという面がある。

3.1 スタグフレーションとインフレ期待

　石油危機による原油価格の高騰は、企業にとってコストの増加となる。企業はコスト上昇分を財・サービスの価格に転嫁したため、財やサービスの価格が上昇した。これは、景気拡大による需要の増加が原因となるディマンド・プル・インフレーションに対して、原材料費（生産のためのコスト）の増加によってもたらされたインフレであることからコスト・プッシュ・インフレーションともよばれる。

スタグフレーション　石油危機によって、フィリップス曲線で示されたような物価と失業率のトレードオフの関係が崩れた。フィリップス曲線によると、物価が上昇してインフレになれば景気が拡大するはずだった。しかし石油危機後では、原油価格の上昇によりインフレが発生するとともに、企業の売上（利益）が下がり景気が悪化していった（図表8-3右）。このような景気の悪化（スタグネーション）とインフレーションが同時に発生することを、スタグフレーションとよぶ。右上がりのフィリップス曲線は、スタグフレーションの状態を表している。

　石油危機が起きた当初、政府は物価と失業率のトレードオフの関係が崩れたことに気がつかなかった。そこで激しいインフレを抑制するために、コストの上昇で企業の利益が悪化している状況にもかかわらず金融引き締めを行った。これが景気の悪化を深刻化させた。また、この時期のインフレの原因が需要の増加ではなかったため、金融引き締め政策ではインフレの抑制ができなかった。

インフレ期待　その原因が需要の増加であろうとコストの増加であろうと、ひとたびインフレが始まると簡単には止まらなくなる。インフレを止めることは難しく、またインフレを止めるために金融引き締め政策を行うと、失業が増えるなど社会が大きな犠牲を払うことになる。

　なぜ、インフレは、なかなか止まらないのであろうか。石油危機によるス

タグフレーション発生をきっかけに、インフレに関する新しい考え方が広がったが、期待インフレの理論もその1つである。

人々の期待（予想）は、経済に影響を与える。たとえば、何らかの要因で外国から小麦の輸入がストップしたとすると、外国からの輸入の再開のメドが立たなければパンは値上がりしていく。

この期間が長く続くと、消費者は、今後も物価上昇が続くと期待（予想）して、今のうちに買っておこうとするだろう。つまり、人々が将来、価格が上がると期待をもつ（予想する）だけで、それに応じて行動するようになり、結果として物価も上昇する。

このように人々がインフレ期待をもつことで、インフレが発生する可能性がある。また、インフレが一度起きると（人々にインフレ期待が起きると）、止まらなくなるのである。

期待インフレ率　人々の将来についてどのくらいインフレになるかという期待を示す指標を期待インフレ率という。

期待インフレ率は、予想インフレ率ともいわれ、消費者などが予想する将来のインフレ率である。たとえば、銀行に100万円を預金することを考えてみよう。1年で5万円の利子がつくとすると、名目利子率は5％（＝5万円÷100万円）である。

しかし、1年間に物価が3％上昇すると予想したとしよう。単純に考えると、今100万円で買える財が、1年後には103万円を支払わないと買えなくなると予想することになる。

このとき、100万円をもっていた場合に、銀行に預金すると105万円になるが、今ならば100万円で買える財が103万円でないと買えない。たしかに名目利子率5％によって5万円の利子をもらったものの、財の価格が上昇してしまったため、銀行に預金すると実質的には2万円の利子しか手に入らない。

人々が期待するインフレ率である5％を期待インフレ率といい、名目利

子率から期待インフレ率を差し引いた差を、実質利子率という。

　　　　名目利子率 − 期待インフレ率 ＝ 実質利子率

　つまり、実質的に得られた利子は2万円（実質利子率は2％）であり、実質利子率は名目利子率から期待インフレ率を差し引いた値である。
　そのため、人々は期待インフレ率が高くなると、預金をするよりも少しでも早く財を買うことを選択する。すると、現時点での需要が増加するので、財の価格が上昇する。インフレ期待が人々に形成されると財やサービスが買われ、それが期待インフレ率をますます高め、さらにインフレを加速させるのである。
　インフレを止めるためには、人々のインフレ期待を下げることが必要である。対応策として、アナウンスメント効果が考えられる。たとえば、物価上昇率がある程度に下がるまで金融引き締め政策を継続することを、中央銀行が断固とした態度でマスコミ等に示し国民に宣伝（アナウンスメント）することがあげられる。

第9章
為替レートと貿易

　エネルギー源である石油を海外からの輸入に頼っていた日本経済は、石油危機によって崩壊するのではと危惧された。しかし、実際には日本は世界で最も優秀な工業国と評価されるようになった。これは、日本企業が、石油危機によって高騰した資源価格を削減するための省エネ技術を開発したことによる。その結果として高品質の商品をより安い価格で提供できるようになった。

　また、石油危機で経済が打撃を受けたのは、日本だけではなかった。ライバルである欧米先進諸国の経済も、大きな打撃を受けたことは同じであった。そのようななか、日本は省エネとハイテクによって国際競争に勝ち、車や家電製品などの輸出が増加して、世界の経済大国となった。

　また、この時代以降、為替が変動相場制へと移行した。省エネ・ハイテク製品を輸出していた日本の経済は、為替変動に大きな影響を受けるようになっていく。

1　為替レート

　貿易を行うときには、アメリカのドルを用いて取引することが多い。これはドルが、世界中で取引の支払いや金融取引の際に利用される基軸通貨（key currency）だからである。

たとえば、日本がアメリカに車を輸出すると、アメリカではドルで支払われる。しかし、ドルは日本で流通しないためにドルを受け取った日本企業は、ドルを円に交換する必要がある。このときの自国の通貨と貿易相手国の通貨を交換することを外国為替とよぶ。このとき、通貨同士の交換比率が為替相場や為替レートとよばれている。

日本では、戦後のブレトン・ウッズ体制よって、1ドル＝360円で取引を行っていた。ブレトン・ウッズ体制とは、戦後の国際通貨体制のことである。1944年7月、アメリカのニューハンプシャー州のブレトン・ウッズという町で、世界45か国の政府関係者が貿易における支払方法について議論し、その結果、国際通貨基金（IMF）協定が結ばれた。

それまでは金を世界共通の通貨として扱っていた。ブレトン・ウッズ体制では、ドルだけが1ドル＝35オンスの金に交換することが可能とし、他国の通貨は一定のレートでドルと交換するとした（固定為替相場制）。

1.1　固定為替相場制

為替レートが変動せず、他国の通貨とのレートが変わらずに取引をしている場合を固定為替相場制とよぶ。各国が為替レートを決定し、人々がいつでもそのレートで外国通貨と交換できる制度である。

日本企業がアメリカへ車を輸出したケースを考えてみよう。日本企業がアメリカへ車を輸出すると、アメリカの輸入業者はその代金を円で支払うために、ドルを円に交換することが必要となる。

もし、アメリカの業者が車を大量に購入したならば、その支払額が多くなり、市場から大量の円を調達する必要がある。円の需要が高まると、円そのものの価値が上昇することになる（円高・ドル安）。

しかし、固定為替相場制では、為替レートは一定にしなければならない。そのため、市場の円高を解消するために、日本銀行が円を売って、ドルを買うことで通貨の供給を増加させて、円の価値を安定させることになる。

1.2 変動為替相場制

　1971年のニクソン・ショックによってブレトン・ウッズ体制が終わり、1973年からは変動為替相場制となった。ニクソン・ショックとは、1971年当時のアメリカ大統領であるニクソンが、金とドルとの交換停止を発表したことによって、ドルの信用力（価値）が低下したことをいう。

　アメリカは日本やヨーロッパの復興のために、大量のドルを資金援助していた。さらには1950年代の朝鮮戦争や1960年代のベトナム戦争で多額の出費を行い、ドルが世界中に大量に供給された。

　あるモノが大量に供給されると、そのモノの価値は低下する。それは通貨も同じである。大量に供給されたドルは、価値が下がることが予想された。そこでドルを保有している企業など世界中の人たちが、早めに金に換えておこうとした。

　その結果、ドルを金に交換したため金がアメリカから流出し、ドルと金の交換に応じられないほどアメリカの金保有量が減ってしまった。これにより、戦後の金とドルを中心としたブレトン・ウッズ体制（固定為替相場制）を維持することが困難になり、変動為替相場制へと移行していった。

　通貨も財・サービスと同様に、需要と供給によって価値が決まる（為替レートが決まる）。この通貨の価値によって、通貨の交換比率が決まる制度が変動為替相場制である。

　為替レートの変動が意味することは、ドルなどの他国の通貨に対して、円の価値が上がったり下がったりすることである。円の価値が上がるということは、たとえば、1ドル＝100円で交換されていたものが、1ドル＝90円で交換されるようになる（円高・ドル安）。

1.3 変動為替相場制の問題点

　変動為替相場制では為替レートが需給によって日々変わるため、1ドルが105円になるかもしれないし、95円になるかもしれない。為替レートの変動によって、企業の利益が増加したり減少したりするため、変動為替相場制で

は為替リスクが存在する。

為替リスクがあると、企業は安心して投資を増やすことができない。つまり、リスクが大きくなればなるほど、投資は減少してしまう傾向がある。企業の投資が減ると総需要が減少して景気が悪くなり、所得も減少してしまう。

2　為替レートの決定理論

変動為替相場制のもとでは、為替レートは市場の需要と供給で決まる。それでは、どのような場合に、円やドルの需要や供給が変化するのであろうか。これを説明するものが為替レートの決定理論である。

2.1　購買力平価説

同一の市場では、同一時点における同一の商品は、同一の価格となる。この法則を一物一価の法則という。一物一価の法則を前提にすると、同じ商品であるならば、日本であろうとアメリカであろうと価格は同じになる。たとえば、各国で販売されているハンバーガーも異なる通貨単位で販売されているが、同一の価格となるはずである。

ここで、ハンバーガー1個の価格が、日本では250円、アメリカでは2ドル50セント、ドイツやフランスなどユーロ圏内では2ユーロだったとすると、1ドル＝100円＝0.8ユーロであると考えられる。

このように、為替レートは、ある国の通貨と他の国の通貨の購買力の比率によって決定されるという理論を購買力平価説という。

2.2　金利平価説

為替レートが自国通貨と他国通貨の金利の差によって決定されるという説を、金利平価説という。たとえば、日本とアメリカの為替レートが1ドル＝100円であり、さらに銀行の利子率（名目利子率）が、日本では5％でありアメリカでも5％であったとしよう。

このとき100万円を日米で1年間銀行に預金したとする。1年後に、日本では105万円となる。それに対してアメリカで銀行に預金しても、100万円を1ドル100円でドルに替えて10,000ドルとなり、それが1年後に10,500ドルとなる。それを1ドル100円で円に替えると105万円となるので、日本で預金した場合と差はない。

もし、日本の景気が悪くなったため、日本の金利が2％に下がったとしよう。為替レートは変わらずアメリカの金利も5％のままであると、日本で預金すると102万円となるがアメリカでは105万円となる。

このケースでは、日本の金利が低下すると人々はドルで運用することを選択するはずである。すなわち、お金は金利の高い国へ移動していく。つまり、日本の金利が高くなるとドルを円に替える人が増えて円高になり、日本の金利が低下すると円をドルに替える人が増えて円安になる。

3 為替レートの変動の影響

日本は、世界との貿易によって経済を繁栄させている。各国が異なる通貨を使用していることから、変動為替相場制における為替レートの変動は、日本経済に大きな影響を与える。

為替レートの変動は国と国との関係にも影響がある。たとえば、貿易をしている2か国がある場合、輸入額が輸出額より大きい国は経常収支が赤字となり、輸出額が輸入額より大きい国は経常収支が黒字となるが、経常収支が不均衡になるとき、貿易相手国との関係にきしみが生まれるようになる。

3.1 日米貿易摩擦

1981年にアメリカ大統領に就任したロナルド・レーガンは、世界的に発生していたスタグフレーションから脱出するために、企業への減税や家計への減税を行い、同時に社会保障の拡大や軍事力も強化させた。減税によって政府の歳入が減少しているのに社会保障費や軍事費を増加させたため、政府

の財政赤字が拡大した。

また、減税によって使えるお金が増えたことで、アメリカの消費者は日本を含む外国の製品を多く購入した。そのため、アメリカの輸入が増加し経常収支が悪化した。

これによって、アメリカは財政赤字と経常収支赤字の両方の赤字、いわゆる双子の赤字を抱えることになった。また、アメリカの輸入が増加することにより、世界各国ではアメリカへの輸出が増加した。日本もアメリカへの輸出が増加して景気が良くなっていった。

アメリカの輸入が増えたことによって日本の輸出は増加し、1985年にはアメリカの日本に対する経常収支赤字が500億ドルに達した。これをきっかけとして、日米間の貿易の不均衡が大きな問題となった。

たとえば、アメリカからみると、日本の製品を多く輸入するとアメリカの製品は売れなくなるため、アメリカの人々の雇用は減り所得は低下する。こうした問題を貿易摩擦とよぶ。アメリカ政府は、日本の自動車の輸出が多いこと、日本の米・牛肉・オレンジなどの農産物の輸入が少ないことを問題視した。

そこで、日本の自動車メーカーは、アメリカに工場を建設して生産することによって、アメリカでの雇用を確保するなどの対策を行った。これをきっかけとして、日本の企業の海外進出が広く行われるようになっていった。

3.2　プラザ合意

1980年代は、世界中で米ドルを貿易の決済で利用していた。ドルを供給するアメリカは双子の赤字を抱え、ドルの価値が暴落する恐れがあった。もしドルの価値が急激に変化すると、世界中の経済が混乱することが予想された。

そこで、世界各国が協調して為替レートをコントロールするため、1985年9月、アメリカのニューヨーク市にあるプラザホテルでアメリカ、西ドイツ、フランス、イギリス、日本の5か国で会議が行われた。基軸通貨

であるドルを、各国が協調することによって安定的にドル安に導くことで合意した。これをプラザ合意という。

プラザ合意の後に、各国は協調して為替市場に介入したため、ドルの価値は下落していった。円でみると円高・ドル安であり、それまで1ドル235円であったが、1年後には1ドル150円台となり、1987年末には1ドル120円台となった。

3.3 為替と国際収支

またプラザ合意の内容には、各国の国際収支の不均衡（経常収支の黒字・赤字）を為替相場の調整によって是正することも含まれていた。

為替レートが変化すると、なぜ国際収支の不均衡が是正されるのであろうか。たとえば、1ドル200円だったときに、日本円で100万円の日本製品があったとする。アメリカの消費者が、その製品を買うためには5,000ドルが必要になる。

その後、1ドルが100円と（ドルが200円から100円に下がり）円高・ドル安になったら、アメリカ人は、同じ日本製品を1万ドル用意しないと買えなくなる。よって円高・ドル安になると、アメリカの輸入が減少することが予想される。

逆に、日本の消費者は、1ドル200円だったときに、アメリカから1万ドルの製品を購入するには、200万円が必要である。しかし、その後1ドル100円（円高・ドル安）となったら、同じアメリカ製品を100万円で買えることになる。よって円高・ドル安になると、日本円の購買力が増えることから日本の輸入が増え、アメリカの輸出が増える。円高・ドル安はアメリカの輸出が増加して輸入が減少することになるため、アメリカの経常収支の赤字が減少することが期待された。

また、この当時、日本は世界有数の経済大国となっていた。アメリカや西ドイツとともに、内需を拡大して世界から多くの商品を輸入することによって、世界の経済に貢献することが求められていた。

3.4 円高不況

　円高になると、輸入は増加するが輸出は減少する。日本は、車や家電製品など質の高い商品を外国に輸出している企業が多いため、円高は企業に大きなダメージを与える。円高によって日本は不景気に陥った。これを円高不況とよぶ。

3.5 日本企業の海外進出

　円高は、日本企業の海外進出を後押しすることとなった。前述の貿易摩擦を避けるために欧米に進出していた日本企業が、今度はアジア諸国にも進出するようになった。円高によって、国際比較をすると、日本人の人件費が高くなったためである。

　先進国間では変動為替相場制に移行していたが、アジア諸国の通貨はドルペッグ制（ドルとの固定為替相場制）がとられている。したがって、円高・ドル安になると、たとえ日本人の人件費が円建てベースで変わらなくてもドル建てベースでは高くなる。逆にいうと、ドルに連動するアジア通貨は安くなるので、円換算すると日本で労働者を雇用するよりもアジア諸国で雇用すれば人件費は安くなる。そこで日本の大企業は、人件費が安いアジア諸国に工場を建設したり生産拠点を移転したりした。

　しかし、海外に進出できるのは大企業だけであり、中小企業の海外進出は難しく苦境に陥ってしまった。

3.6 円高とインフレ

　円高は、海外のモノが安く買えるので、輸入物価を引き下げる。それまで日本はインフレに悩まされてきた。とくに石油危機におけるスタグフレーションは、狂乱物価といわれるほど物価を上昇させたが、円高によってインフレを鎮静化させることに成功した[1]。

---

1) 次章でみるとおり、その後、日本はバブルといわれるほどの好景気を迎えるが、この時期、円高のおかげでインフレは発生しなかった。

また、日本はエネルギーを海外からの原油に依存している。石油危機でみられたように、原油価格が上昇すると景気に大きな悪影響を与える。しかし、原油はドル建てで取引されているため、原油価格が上昇しても円高によって相殺され、コストを抑える効果がある。

　また、一般消費者も、ガソリン価格が下がることで円高を実感できる。ガソリンは必需品であり、価格が上がったからといって使用量を減らすことは難しい。逆に、ガソリン価格が下がると、その下がった分を他の消費に回すことができ、景気を改善する効果がある。

第10章
金融政策の実際

　日本銀行は、円高不況に対応するために、金融緩和政策を実施した。具体的には、利子率を引き下げるという手法でマネーサプライを増加させるようにした。1985年には公定歩合は5％だったが、1987年には2.5%まで引き下げられ、この金融緩和政策が後のバブル発生のきっかけとなった。

1　バブル景気

　1986年12月から1991年2月までの51か月間に日本で起こった資産価格[1]の上昇と好景気を、バブル景気[2]とよぶ。1985年9月のプラザ合意からの円高で、不況（円高不況といわれた）が心配されていながら、たった1年後には好景気の期間（好況期）に入った。

1.1　バブルの原因
　バブルが発生した原因として、金融緩和政策が必要以上に長く維持されたことがあげられている。

---

1) ここで資産価格とは、土地や株式、絵画など美術品、骨董品の価格をいう。
2) バブルとは、泡のことである。18世紀前半に、イギリスで発生した異常なまでの株価の上昇と、その後の暴落とそれにともなう経済の混乱を、南海泡沫事件（South Sea Bubble）とよぶところから、バブルという言葉が使われた。

なぜ、政府や日銀は、金融緩和政策にこだわったのか。それは日本経済が輸出に頼っていることから、急激な円高による輸出の不振から不況に陥ることが心配されたからである。そのため、実際には景気が回復しているのに、金融緩和政策が長く継続されることになった。

金融緩和政策が長く継続された理由として、日本が世界景気を引っ張る機関車役となることを世界から期待されていたこともある。政府や日銀は、金融緩和政策を続けて景気を保ち、各国からの輸入を増やすことが国際公約とみなしていたこともあげられている。

また、金融緩和政策以外の原因として、原油価格の低下があげられる。海外からの原油にエネルギーの大半を依存する日本は、原油価格の低下がコストを削減させる。多くの企業がエネルギーコスト低下の恩恵を受け利益を増やした。

さらに、1989年にベルリンの壁が崩壊し、冷戦が終結したこともバブルの原因の1つとなった。中国は、巨大な人口を抱え有望な市場と考えられた。それまでは東側陣営であった中国に進出しようとする欧米の企業が、日本（や香港）を前線基地とし、東京の不動産を積極的に購入したり賃貸したことが、不動産価格や賃料を上昇させた。

1.2 バブルの発生

金融緩和政策によって利子率が低下すれば、銀行からお金を借りやすくなり、投資が増えることになる。企業は設備投資だけではなく、土地を買うことにも銀行からの借入資金を利用した。土地を買うことで、その土地を担保にお金を借り、そのお金でまた土地を買うといった連鎖投資が横行した。このサイクルが土地などの不動産価格の上昇につながっていった。

また、1980年代から行われていた金融の自由化によって、次のことが可能になった。

- 企業が外貨を自由に取引できる

- 転換社債（株式に転換できる権利がついた社債）の発行が可能になり、資金調達がしやすくなる。
- 外国の金融機関が自由に参入できる。

それまで、日本の企業は、取引している銀行からの融資によって資金調達を行っていた。しかし、金融の自由化によって、企業が株式市場で株式や社債などを発行して、銀行からの融資よりも低いコストで資金調達を行い、それまで抱えていた借入金を銀行に返済したのである。

企業から返済を受けた銀行は、新たな貸出先を探すことを迫られ、それまで取引したことがなかった中小企業に、資金を貸し出すようになった。

しかし、中小企業に対して資金を貸し出すには、無担保で貸し出すわけにはいかず、土地を担保に貸し出しを行ったのである。こうして、不動産価格は高騰し続けた。

不動産や株式などといった資産の価格が上昇すると、それによって資産が増えたと思い、財の購入を加速的に増加させていく。この現象は資産効果とよばれる。資産効果は、株価の上昇や資産価値が上がったときに消費が増加する理由として説明される。

バブルにおいて、企業は保有する不動産や株価が上がると、それを担保として銀行から資金を借り設備投資を増加させた。また、家計も保有している不動産や株価が上昇すると、その利益で消費を増やしていた。

2　貨幣供給の仕組み

現在、紙幣は中央銀行が供給している。中央銀行が供給する貨幣を、マネタリーベース[3]という。マネタリーベースに対して、その国の経済に存在する貨幣の量をマネーストックという。すなわち、その国の貨幣量（マネー

---

3) マネタリーベースは、ベースマネー、ハイパワードマネーとよばれることもある。

ストック）は、その国の中央銀行が供給したマネタリーベースをもとにして、銀行が供給している。この銀行が貨幣を供給する機能を、銀行の信用創造という。ここでは、中央銀行と銀行による貨幣供給の仕組みについて学んでいこう。

2.1 管理通貨制度

現在では、管理通貨制度となっている。中央銀行が紙幣を発行し、経済の状況をみながら必要な量を供給して経済を安定化させている。

かつて貨幣として、金貨や銀貨が広く使われていた。しかし、金や銀は希少な資源であり、供給量は限られている。もし、経済規模が10％拡大したのに、金や銀が5％しか生産されなかったら、どうなるだろうか。貨幣の供給量が少ないため、金や銀の価値が上がることで貨幣の価値も上がり、結果として物価が下落するデフレに陥ってしまう。

逆に金や銀の供給が多くなると、インフレが発生する。たとえば、ヨーロッパの大航海時代の16世紀に、価格革命といわれる大きなインフレが起きた。スペインやポルトガルが中南米を征服し、銀を大量にヨーロッパにもたらしたことが原因である。銀が増えたため（銀が供給過剰となり）、銀の価値が下がり、反動としてモノの価格が相対的に上がったのである。中央銀行が紙幣を発行する管理通貨制度では、貨幣の供給量を金や銀の生産量に制約されずにコントロールできる利点がある。

2.2 銀行の信用創造

銀行は、人々から現金を預ると預金証書を発行する。そして、預金をした人がその預金証書を銀行に持参して預金を解約することで、現金を払い戻す。

支払準備率　ところが、お金を預けた人の全員が、預金を解約して現金にするわけではない。また、預金全額を解約することも少ない。よって、銀行は預かった現金の全額（預金総額）を、常に手元に用意しておく必要はない。

過去の経験則から、預金総額のうち、どれだけの金額が引き出されるか、すなわち銀行が用意しておくべき金額がわかる。預金総額に対して用意しておくべき金額の比率を支払準備率という。

たとえば、預金総額の10%だけ手元に用意しておけば（支払準備率10%）、預金者からの解約に対応できたとしよう。もし、預金総額が1億円であるならば、1,000万円だけを手元に用意すればよいので、残りの9,000万円を貸し出して利息収入を得ることができる。

法定準備率制度　かつて支払準備率は、各銀行が自分の過去の経験則から決めていた。しかし現在は、銀行の支払準備率は法律によって決められており法定準備率[4]といわれ、預け入れを義務づけられた最低金額を、準備預金額（所要準備額）という。

銀行は、預金総額に応じて、法定準備率以上の準備預金額を、中央銀行に開設した当座預金に、預金しなければならない。この制度を法定準備率制度という。

信用創造　先ほどの数値例にもどって、銀行の融資業務をみてみよう。法定準備率が10%の場合に、1億円の預金総額をもった銀行は1,000万円を中央銀行に預け入れ残りの9,000万円を貸し付けることができる。

しかし、現在の銀行は、もっと大きな金額を貸し付けている。すなわち、預かった1億円の現金全額を中央銀行に預け入れれば、最大10億円（×法定準備率10%＝所要準備額1億円）の貸出しを行うことができる。

なお、銀行が貸し出すときは、現金を渡すことはないことに注目してほし

---

4) 現在、法定準備率は各銀行（の総預金額）によって異なっているが、おおむね1%弱である。そのため、貸出しに回せるお金は、総預金の99%であるが、現実的には最大値まで貸出しを行うことはない。理論的な最大値を示すのが信用乗数とよばれるが、実際に供給しているマネーストックの割合については、通貨乗数という。この通貨乗数の値は、銀行が貸出しに積極的であったバブルの時代で30倍程度であったが、バブル崩壊後は7〜13倍程度である。

い。貸出先の預金残高を増加させることによって貸出しを行う。

そして、銀行預金は貨幣として使える。銀行預金をもとにして小切手や手形を発行して決済できるし、現在ではIT化によって銀行振込も手軽にできる。紙幣や小銭を現金通貨というのに対して、銀行預金は預金通貨といって、マネーストックに含まれるのである。

銀行は預かった現金をもとにして、理論上、法定準備率の逆数[5]倍だけ貸出しを行って預金残高を増加させることができる。銀行が、受け入れた現金通貨の何倍の預金通貨を発行するかという倍率を信用乗数といい、信用乗数は法定準備率の逆数となる。

前出の数値例で確認してみよう。法定準備率が0.1（10%）のとき、その逆数は10である。1億円の現金を預かった銀行は、最大で10億円（＝1億円×信用乗数10倍）の貸出しを行うことができ、よって10億円の預金通貨を供給することになる。

3　金融政策

中央銀行がマネーストックを増減させる政策を金融政策とよぶ。もしマネーストックを増加させる金融緩和政策が行われると、利子率が低下し、企業等が資金を借りやすくなり、新規事業を立ち上げたり事業を拡大させたりして投資が増える[6]。

金融緩和政策⇒マネーストック↑⇒利子率↓⇒投資↑、消費↑

日本銀行がマネーストックを調節するために行う手段は、代表的なものとして3つある。

---

[5]　逆数とは、ある0でない数に対し、乗算（掛け算）した結果が1になる数である。すなわち、0でない数 a に対する逆数は $1/a$ と表される。

[6]　また個人も、住宅ローンを借りやすくなるため住宅投資を増やしたり、カードローンなどで消費が増える。

- 法定準備率操作
- 公開市場操作
- 基準割引率および基準貸付利率操作

3.1 法定準備率操作

　日銀が法定準備率を変化させる（引き上げる、あるいは引き下げる）ことによって、マネーストックを変化させる金融政策を法定準備率操作という。

　それでは、なぜ法定準備率が変化すると、マネーストックも変化するのであろうか。

　2.2項でみたとおり、銀行は最大で法定準備率の逆数倍、預金通貨を供給する。すなわち、法定準備率を引き下げると、信用乗数は上昇する。つまり、銀行が貸し出す金額が増えれば増えるほど預金通貨は増えるため、結果としてマネーストックも増加する。

$$法定準備率↓⇒信用乗数↑⇒預金通貨↑⇒マネーストック↑$$

　法定準備率を下げれば、マネーストックは増加し、法定準備率を上げれば、マネーストックは減少することになる。

3.2 公開市場操作

　銀行が保有している有価証券（たとえば国債や手形など）を売買して貨幣供給量を変化させることを、公開市場操作という。たとえば、日本銀行がマネーストックを増加させたいと考えているならば、銀行が保有している国債を購入する。日本銀行が国債を購入するということは、お金と国債を交換するということであり、銀行に現金（マネタリーベース）が供給される。

　すると、銀行はマネタリーベースをもとにして貸出しを増加させる。銀行は、最大で法定準備率の逆数倍、預金通貨を供給できるので、マネーストックが増加することになる。逆にマネーストックを減少させたい場合は、銀行

に手形や国債を売ることで日銀は現金（マネタリーベース）を回収する。

　市場にお金（マネーストック）が多くなると、企業は資金を調達しやすくなる。その際、わざわざ利子が高い銀行で借りるよりも株や債券などを発行したりして他の方法で資金を調達したほうがコストは安くすむため、銀行からの借入れを減らすことになる。銀行にとっては資金を貸すことができなければ収益をあげることはできないため、利子率を下げ、より多くの企業に貸出しをすることになる。ここからわかることは、マネーストックが増加すれば利子率は下がるということである。

　逆に、市場にお金が少なくなると資金を調達しにくくなるため、少々利子が高くても銀行などで借りることになる。そのため、マネーストックが減少すると利子率は上昇することになる。

3.3　基準割引率および基準貸付利率操作

　基準貸付利率とは日本銀行が民間金融機関に貸出しを行う際の利子率のことである[7]。民間金融機関が何らかの要因で資金が必要となったときに日本銀行は民間金融機関に対して貸出しを行うが、このときの貸出利率を変化させることでマネーストックに影響を与える。

　基準貸付利率が高ければ、民間金融機関はそのコストを借り手に転嫁するため企業への貸出金利を高くする。すると企業は銀行からの借入れを控えるので、借入れを少なくしマネーストックは減少する。逆に利率が低ければ借入れを増やしてもコストは少ないので借入れを多くし、マネーストックも増加する。

　1990年代になり金融の自由化が進み、金融機関は日本銀行から資金を調達することはなく、金融機関の間で資金を調達できるようになったため市場の利子率は公定歩合に連動しなくなってきた。

　これでは公定歩合を操作したとしても、経済に影響を与えることができな

---

7) 1996年までは、公定歩合とよばれていた。

い。そこで、1996年に公定歩合は基準貸付利率と名称を変え、今では日本銀行は公開市場操作を通じて市場利子率を操作している。

4　物価とマネーストック

　金融緩和政策を実施して、マネーストックを増加させ続けるとインフレが発生してしまう。マネーストックと物価の関係を説明したものに、貨幣数量説がある。この貨幣数量説とは、長期的にみるとある国の物価水準は、その国に流通している貨幣の量（マネーストック）とその流通速度に比例して決まるとする考え方である。

　つまり、マネーストックが増えると物価水準が上がり（インフレ）、マネーストックが減ると物価水準が下がる（デフレ）と考える。

フィッシャーの交換方程式　　貨幣の需要と取引に関する最初の主要な研究として、フィッシャー[8]によるものがある。フィッシャーは、貨幣供給量（マネーストック）をM、貨幣の流通速度をV、物価水準をP、財やサービスの取引量をTとおき、

$$MV = PT$$

という式（これをフィッシャーの交換方程式という）で表した。

　統計をとると、貨幣の流通速度Vは、ほとんど一定で変化しないことがわかる。よって、財やサービスの取引量Tに変化がないとき、マネーストックMが増加すると物価水準Pが上昇し、Mが減少するとPは下落することがわかる。

ケンブリッジ方程式　　フィッシャーの交換式における貨幣流通速度Vの

---

[8]　アーヴィング・フィッシャー（1867年〜1947年）。アメリカの経済学者で、貨幣数量説やフィリップス曲線の研究で知られる。

逆数（$1/V$）を、k として変形すると、

$$M = kPY$$

という式が得られる。これをケンブリッジ方程式[9]という。

また、貨幣の流通速度 V の逆数（$1/V$）である k は、マーシャルの k という。これは、マネーストックの名目 GDP に対する割合である。統計をとると、ある国の特定の時代において、マーシャルの k がほぼ常に一定の値をとることがわかっている。

逆にいうと、統計をとった結果、もしマーシャルの k が通常よりも異常な値をとるということは、マネーストックが異常な状態にあることを意味することになる。すなわち、マーシャルの k が大きい（小さい）ときはGDPに対してマネーストックが多い（少ない）ことを示し、インフレ（デフレ）に陥る可能性が高いことになる。

さて、ケンブリッジ方程式をみてみよう。実質的な GDP を示す Y が増加していないときに、マーシャルの k が一定であるならば、M の増加（減少）は物価水準 P の上昇（下落）、すなわちインフレ（デフレ）となることがわかる[10]。

---

9) フィッシャーとほぼ同時期に、イギリスのケンブリッジ大学の教授であったアルフレッド・マーシャル（1842年～1924年）によって提唱された。

10) ケンブリッジ方程式は

$$M = kPT$$

から、両辺の増分をとると、次式のようになる。

$$\Delta M = \Delta k + \Delta P + \Delta T$$
$$\Delta P = (\Delta M - \Delta T) - \Delta k$$

なお、ΔP はインフレ率、ΔT は経済成長率である。よって、インフレは $\Delta M > \Delta T$ で発生することがわかる。

すなわち、経済成長の範囲以内にマネーストックの伸び率をコントロールすれば、インフレは阻止できる。この考え方をインフレ・ターゲットという。

5　バブルの崩壊

　消費と投資が活発になり、1980年代は未曾有の好景気となって、不動産価格は異常なまでに上昇し続けた。不動産価格の上昇は、不動産を持つ者と持たざる者の格差を広げたのである。

　たとえば、中小企業が都市に工場を持っていると、固定資産税などがかかったり、不動産を相続することになれば多額の相続税を納めることとなる。さらに、納税資金を得るために持ち家を売らなければならなくなったりするなど企業の経営にかなり大きな影響を与えていた。

　不動産価格の高騰は社会に与える影響が大きいことから、政府は、1990年3月に不動産向け融資を制限する規制を行った。この規制は、不動産価格の異常な上昇を抑えようと、銀行などに対して不動産向けの融資の伸び率を総貸出しの伸び率以下に抑えるようにするものであった。

　これにより、不動産への融資は抑えられ、不動産の取引価格は、1991年秋頃をピークに低下し始めた。

　図表10-1をみてみよう。土地の公示価格[11]は、全国的に商業地、住宅地ともに、不動産への融資が規制された次の1991年が天井となっている。

　たとえば、1990年に一番大きく上昇した三大都市圏商業地は、天井の1991年に421であった指数が、3年後には250水準まで下がっており、その後も下落が続いていることがわかる。

　不動産価格の下落は、不良債権問題を発生させた。バブル崩壊によって、不動産価格が暴落したことで、銀行に借入金を返済できなくなった企業は、担保としていた不動産を銀行に引き渡して返済した。しかし、不動産価格の下落により、銀行は貸付金のすべてが回収できなくなり、結果として、銀行

---

[11]　公示価格とは、国土交通省が毎年1回公示する、毎年1月1日時点の1平方メートルあたりの価格をいう。国土交通省が定めた標準地（全国に約3万か所ある）の1地点に対して、2名以上の不動産鑑定士が別々に現地を調査した評価をもとに決定し、3月に公表する。

図表 10-1　公示価格の推移

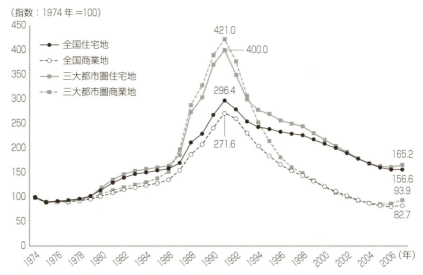

注1：三大都市圏とは、東京圏、大阪圏、名古屋圏をいう。
　　東京圏：首都圏整備法による既成市街地および近郊整備地帯を含む市区町村の区域
　　大阪圏：近畿圏整備法による既成都市区域および近郊整備区域を含む市町村の区域
　　名古屋圏：中部圏開発整備法による都市整備区域を含む市町村の区域
　2：住宅地および商業地は、1974年地価公示を100とし各年の数値を指数化したものである。
　3：各年の公示価格は、各年1月1日を評価時点としている。
出所：国土交通省HP「公示価格の推移」。
　　　http://www.mlit.go.jp/hakusyo/mlit/hakusho/h20/data/html/js004040.html

は大量の不良債権を抱えることになった。

　これにより、銀行は、企業に対する新規ならびに追加の融資を控えたり、すでに融資している資金を積極的に回収したりする、いわゆる貸し渋り、貸し剝がしが行われた。

　銀行は、他への新規の融資も行えず（貸し渋り）、返済できそうな企業からは急いで回収しようとした（貸し剝がし）。このため、日銀が金融緩和政策を行っても、マネーストックが思うように増加しなかった。

そこで政府は、銀行の不良債権問題の解決に力を入れた（金融再生プログラム [12]）。政府は、損失が大きくなった銀行に公的資金を投入するなどの対策を行った [13]。

---

[12] 日本は1990年代を通して100兆円以上の財政出動を継続して行っていたが、経済は回復せず失われた10年を脱していない状態であった。その理由を、バブル期の不良債権処理を怠っていたからであるとし、銀行の不良債権処理の推進を政府は宣言した。

[13] 2003年5月に、りそな銀行への総額1兆9,660億円の政府出資（政府がりそな銀行の株を購入した）を受けて、りそな銀行は国有化された。また、11月には足利銀行が国有化された。

第11章

失　業

　日本がバブル景気といわれた好景気のなかの1989年秋に、ベルリンの壁が崩れ冷戦体制が崩壊した。それまで鉄のカーテン[1]で仕切られていた東側陣営のロシアや中国、また多数の人口を抱えるインドやブラジル、インドネシアなどの国々が、それまで以上に重要な貿易相手国となってきた。

　この国際経済の変化は、グローバル化といわれる。それまで西側に属する欧米先進工業国と資源輸出国だけを相手にしていた（人口にして7億人）日本も、グローバル化により人口にして30億人以上を抱える国々が貿易相手国となっている。

1　デフレの時代

　1997年4月に消費税率が3％から5％に引き上げられ、その年の秋には日本の金融危機が深刻化した。金融機関には不倒神話があったが、北海道拓

---

[1]　1946年に訪米中の元イギリス首相のウィンストン・チャーチルが、アメリカで行った演説のなかに出た一節である。第二次世界大戦後、ソ連を盟主とする東ヨーロッパの社会主義諸国が、西側資本主義諸国に対してとった秘密主義や閉鎖的態度などを鉄のカーテンと風刺した言葉である。東側諸国からいえば、アメリカ陣営のソ連陣営包囲網であった。

　なお東アジアでは、1949年の中国共産党による中国統一と1950年の朝鮮動乱によって現実化した。

殖銀行、山一證券、三洋証券が経営破綻し、翌1998年には日本長期信用銀行が国有化された。

1.1 消費の低迷

この時期に注目すべきは、消費が低迷したことである。消費は、通常、不景気においても安定しており、景気低下の局面で下支えする。

ところが、投資よりも先に消費が低下し始めた。1999年の『年次経済報告（経済白書）』によると、投資が低下し始めたのは1998年の第1四半期であるが、消費は1997年の第4四半期から低下し始めていた。

1.2 日本産業の空洞化

消費が低下したため、企業はさまざまな生活用品の値下げ（価格破壊といわれた）を行った。値下げができた理由としては、当時進行していた円高があげられる。円高になると海外の財・サービスを安く買えるだけでなく、外国の人々の賃金を円に換算したとき、日本人よりも安い賃金で雇用できる。

日本で生まれた日本企業は、創立当初は日本人を社員とし、日本に工場などの生産拠点を建設し、日本人を顧客として事業を展開していた。

しかし、経済がグローバル化して、企業は世界のどこにでも進出できるようになった。海外で人件費が安いならば、それまで国内に工場を建設していた日本企業が、アジアなどの賃金の安い国に工場を建設したり、日本にある工場を移転させたりする現象が発生した。日本で生産するよりも安いコストで製品を生産でき、それを日本に輸入すれば（これを逆輸入とよぶ）、ライバル企業に対して価格競争で有利に展開できる。

なぜ日本では生産コストが高いのであろうか。それは、為替レートや人件費の影響が大きい。日本の経営では年功序列型の賃金体系が基本で、長期雇用が基本となり景気の変動はあまり受けない。そのため、日本の雇用は安定し、賃金は相対的に高く失業率は低い。

つまり、為替の変動やさまざまな規制、人件費の高騰などにより、日本企

業が工場などの生産拠点を海外へ移転し、国内の産業が衰退する産業の空洞化が生じたのである。その結果、日本国内の雇用が増えず、賃金も上昇しなかった。賃金が増えないため、消費も増えず、これが日本の景気に悪影響を与えた。

日本企業の海外進出は、改革開放を進めていた中国にとってはプラスに働いた。経済を成長させて、人々の生活を豊かにするためには、中国は外資を導入することを目指した。つまり、海外企業が自国内に工場を建設し製品を製造して輸出することで、中国は世界の工場として急速に経済成長していったのである。

日本の企業も、こぞって中国へ進出した。中国の安価な労働力を使って製造し、逆輸入する。その商品を安い価格で大量に市場に供給する。このビジネスモデルはユニクロ現象といわれ、2000年代の価格破壊[2]を押し進めた。よって、日本の賃金が上昇せず、これが日本のデフレをさらに進めることになった。

1.3 完全失業率

就業している人を除いて、調査期間中（毎月の最後の1週間）に求職活動をした人を完全失業者という。労働力人口が短期には大きく変化しないことに反して、企業の求職者数は短期的にも変化する[3]。そのことから、景気が良くなると人手不足に陥るが、景気が悪くなると失業者数が増加する。

その国の失業者の状況を示す指標として代表的なものが完全失業率である。

---

[2] この言葉は、1969年に城山三郎が発表した小説のタイトルである。この小説は、小売業界を描いた作品であるが、この内容から企業の競争や安い輸入品などによって、メーカーの希望販売価格が大幅に低下して、商品の価格がかなり安くなることを意味している。

[3] 日本は他国に比べると、企業は雇用を安定させようとするが、とくにアメリカでは、レイオフ（一時帰休：人件費を抑えるための手段であり、企業の業績悪化時に一時的な人員削減を行い、業績回復時の人員採用の際に優先して再雇用を約束する）といわれる制度があることから、求職者数は短期的に変動する。

これは 15 歳以上の働く意欲のある人（労働力人口）のうち、職がなく求職活動をしている人（完全失業者）の割合であり、完全失業者数を労働力人口で除して求めた比率である。

2 失業の種類

日本の失業率は低いが、それでも失業は存在する。失業する理由はさまざまであるが、大きく分類して、自発的失業、構造的失業、摩擦的失業、非自発的失業に分けられる。

2.1 自発的失業

失業は、いくつかの種類に分けられる。たとえば、働く側がより良い労働条件を求めている場合で、その人を雇う意思がある企業は存在する（労働の需要はある）が、企業が提示する賃金率が低いなど労働条件が折り合わず、自分の意思で失業するケースを自発的失業という。

自ら起業するために会社を辞めたりするケースや家族の看病のために離職するなどの自己都合のケース、もっと高い賃金率の会社に転職するために会社を辞めたり、好況期に条件の良い仕事を求めて離職するケースもある。

2.2 構造的失業

企業が求める人材と求職者のもっている特性（職業能力や年齢）などが異なることによって生じるケースを、構造的失業という。すなわち、「求人の年齢と自分の年齢とが合わない」「自分の技術や技能が求人要件に満たない」などのために、失業しているケースである。

2.3 摩擦的失業

企業と求職者の互いの情報が不完全であるため、両者が相手を探すのに時間がかかることで一時的に発生する失業を摩擦的失業という。労働者にして

みると、自分が希望する職種や賃金率を提供する企業が存在しているとしても、その存在を知っているとはかぎらない。その存在を知るためには時間がかかる。企業についても同じで、欲しい人材が職を探していることを知るために時間がかかる。

失業者と企業がお互いの情報を知り雇用が成立するまでの間に一時的に発生する失業を、摩擦的失業という。

2.4 非自発的失業

不況期に売上が減少すると、企業はリストラなどにより労働者を解雇することがある。これらが原因で、自分が働きたいにもかかわらず失業しているケースを、非自発的失業という。

前述の3つのケースは、労働市場に需要があるにもかかわらず失業している状況である。それに対して、非自発的失業は、労働市場において需要が不足しているために発生する。本人に働く能力があり、現行賃金水準またはそれ以下でも働く意思をもつにもかかわらず、労働者が就業の機会が得られない状態である。

3 非自発的失業のメカニズム

非自発的失業はなぜ発生するのであろうか。非自発的失業が発生するのは、賃金が関係している。

3.1 名目賃金と実質賃金

労働者が受け取る賃金は名目賃金といい、物価の変動を考慮した値を実質賃金という。たとえば、昨年も今年も、月給は同じ30万円であったとしよう。しかし、昨年に比べて物価水準が10%上昇したとすると、毎月の支出額は10%多くなるため、賃金の名目額は同じ30万円であっても、経済的実態において給料は10%減少したことと同じである。

賃金を名目値だけでみていても、それでは経済全体の状況を把握することはできない。物価も考慮した実質賃金でみる必要がある。実質賃金（W/P）は、名目賃金（W）を物価（P）で除して算出する。

$$\frac{名目賃金(W)}{物価(P)} = 実質賃金(W/P)$$

3.2 下方硬直性

景気が悪くデフレになっても、企業は簡単には名目賃金率を下げることはできない[4]。これを、名目賃金には下方硬直性があるという。

しかし、物価水準が10%下がったならば、企業の売上高も10%減少する。しかし、賃金率を下げることができない場合、収益が減少したのに人件費を実質的に削減できないことになる。すると、企業は人件費を削減するため、労働時間を削減するかリストラ（従業員の解雇など）を行うことになる。それが原因となって非自発的失業が発生する。

---

[4] さまざまな理由が提示されている。たとえば、賃金率を下げると、その企業は危ないのではないかと世間での信用が落ち、取引が困難になることがあげられる。

第12章
財政政策

　1990年代にバブルが崩壊した後、日本政府は公共事業や減税を行うなど積極的に財政政策を実施した[1]。これらの財源は、増税ではなく国債の大量発行によって賄われている。増税をせずに国債を発行して、その財源をもって財政政策を行い、景気を回復させ、財政赤字を解消しようとした。

　しかし、バブル経済崩壊の影響は大きく、景気を回復させるまでには至らなかった。そのため、赤字国債発行による政府の財政赤字だけが膨張し、先進諸国においても、日本の財政赤字は非常に大きなものとなっている[2]。

1　財政の役割

　財政には、景気の変動を少なくして経済を安定化させる目的がある。その方法には、フィスカル・ポリシーとビルト・イン・スタビライザーがある。

---

1) 政府が行った財政政策の事業規模は、次のとおりである。1992年8月の事業規模は10.7兆円、1993年4月は13.2兆円、1993年9月は6.2兆円、1994年2月は15.3兆円、1995年4月は7兆円、1995年9月は14.23兆円、1998年4月は16兆円、1998年11月は24兆円、1999年11月は18兆円。
2) 財務省では、日本の財政赤字は、先進国で最悪であると認識している。
　財務省HP「政府の負債と資産」。http://www.mof.go.jp/faq/seimu/03.htm

1.1　フィスカル・ポリシー

　政府は景気が悪くなると財政政策で政府支出を増やし、総需要を増加させて景気を支える。一方、景気が過熱したら政府支出を少なくして総需要を減少させる。このように政府が意図的に財政政策を行うことを、フィスカル・ポリシーという。

1.2　ビルト・イン・スタビライザー

　ところで、歳入のもととなるものは税である。たとえば、所得税は、所得が高くなるほど税率が高くなり、所得が低いと税率は低い（累進課税制度）。そのため景気が良いときには所得が増え、消費者は納める税額も多くなるため、消費を抑制することになる。逆に景気が悪くなると、所得が減少するが、納める税額も少なくなるため、消費の減少が小さくなる。

　このように、財政には、景気を自動的に安定化させる機能が備わっている。この機能は、フィスカル・ポリシーに対して、ビルト・イン・スタビライザー（景気の自動安定化装置）といわれる。ビルト・インとは組み込まれたという意味であり、スタビライザーは安定化装置という意味である。

1.3　一般歳出

　政府支出は、社会資本整備のために使われる公共事業への支出であり、一般会計歳出の構成項目としては公共事業関係費として分類されるものである。

　図表12-1に示されるように、公共事業費は国債費と地方交付税交付金を除くと一般歳出のなかで社会保障関係費に次いで大きな項目である。

　公共事業への支出の増加は、乗数効果を通じて総需要を増加させる効果をもつ。つまり、経済が不況に陥ったとき景気を刺激するために公共事業費を増加させ、景気回復を図る。

　一方、公共事業は、長期的には社会資本の整備を通じて経済全体の生産能力や生産効率の向上を促進させる効果をもつ。社会資本には生産能力や効率を高めるためのインフラを提供する機能があり、さらには人やモノの流れを

図表 12-1　一般歳出（2014年度、当初予算）

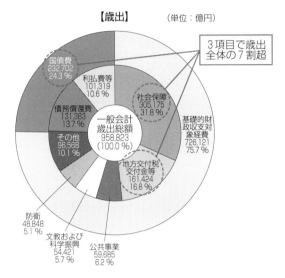

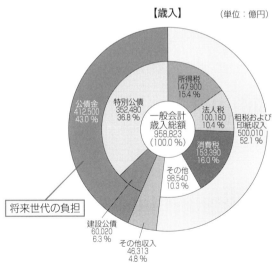

注：一般歳出における社会保障関係費の割合：54.0%
出所：財務省「平成26年度一般会計予算」。

活発化し、地域間のさまざまな格差を解消させる効果も期待されている。これらは経済活動を効率化させるという点で大きな意味をもっている。

たとえば、治水事業や下水道の整備のようにそれ自体は生産力の向上に結びつかないとしても、そこに生活する人々の生命や財産を守り、安全で安心な生活基盤を確保するとともに、生活水準を向上させその質を高める効果ももっている。その点で生活の質を高める機能もあるといえる。

2　財政政策の効果の低減

1990年代にバブルが崩壊した後、日本政府は積極的に財政政策を実施した。しかし、景気は良くならず、政府の赤字ばかりが大きくなってしまった。それではなぜ、財政政策の景気浮揚効果が薄れてしまったのであろうか。

2.1　財政政策の効果

先述したとおり、1997年に日本の消費が崩れた。一般に景気が低下する局面では、まず投資から下がり始めるものだが、この年の日本では、消費から崩れていったのである。

総需要に占める消費の比率は、日本では60%[3]近くあり最も大きなシェアを占めている[4]。一番大きなシェアがあり、通常では不景気であっても安定しているはずの消費が低迷することによって、財政政策の効果は弱まる。

簡単な数値例で、ケインズ型の消費関数でみてみよう（⇒第2章2）。

ケインズの考えによると、政府支出を増やすと、その投資乗数（k）倍、有効需要が増加した。たとえば、限界消費性向 $\alpha=0.8$ のとき投資乗数は5

---

[3]　2010年の統計によると、日本の場合、消費59%、投資20%、政府支出20%、輸出−輸入1%となっていた。

[4]　消費が大きいアメリカでは、総需要に消費の占める割合は70%である。また、消費に比べて過剰投資が問題といわれる中国では、消費は35%程度（投資は45%程度）である。

倍 ($=\frac{1}{1-\alpha}=\frac{1}{1-0.8}=\frac{1}{0.2}$) になる。よって、政府支出を4,000増やす ($\Delta G=4,000$) と、国民所得は20,000 ($=\Delta G \times k=4,000 \times 5$) 増えることになる。

2.2 消費性向が低下した場合

しかし、1990年代に少子高齢化や年金不安によって、日本経済の将来に不安を感じた人々は、貯蓄を増やして消費を減らした。

もし、仮に限界消費性向αが0.8から0.6に低下したら投資乗数kは2.5 ($=\frac{1}{1-\alpha}=\frac{1}{1-0.6}=\frac{1}{0.4}$) と半減してしまう。すなわち、政府支出を同じ4,000増やしても ($\Delta G=4,000$)、国民所得は10,000 ($=\Delta G \times k=4,000 \times 2.5$) しか増えなくなる。

このように、人々が消費を減らすと、政府の財政政策の効果が低下してしまうのである[5]。

1990年代バブルが崩壊した後、日本政府は積極的に財政政策を実施した。しかし、景気は良くならなかった。それは日本経済の将来（や年金制度）に不安をもった人々が貯蓄を増やして消費を増やさなかったためである。その結果、限界消費性向αが小さくなり、これによって投資乗数kが小さくなり、積極的な財政政策の効果が薄れてしまったのである。

3 財政収支のアンバランス

財政政策の財源を確保するために赤字国債をたくさん発行した。本来は、景気が良くなって税収が多くなり、赤字国債をカバーする目論みであった。しかし、景気は良くならず、政府の赤字ばかりが大きくなってしまった。

その結果として財政収支のバランスが崩れ、財政赤字が発生してしまう。財政赤字が長期にわたって解消されない場合には、そこからさまざまな問題が生じることになる。

---

[5] 乗数kが低下すると、政府支出にかぎらず、国内の投資が増加しても、また輸出が増えても、やはり乗数効果は少なくなる。

3.1 財政赤字の拡大

　我が国の財政収支をみると、2013年度末には税収が43.1兆円であるが、歳出額は92.6兆円に上る。図表12-2に示されるように、政府は税収不足を補う赤字国債を2013年度に42.9兆円発行し、国債依存度[6]が約46.3%にも達した。

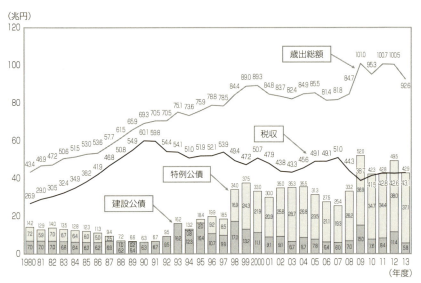

図表12-2　税収と国債発行額

注1：2011年度までは決算、2012年度は補正後予算案、2013年度は政府案による。
　2：公債発行額は、1990年度は湾岸地域における平和回復活動を支援する財源を調達するための臨時特別公債、1993〜1996年度は消費税率3%から5%への引上げに先行して行った減税による租税収入の減少を補うための減税特例公債、2011年度は東日本大震災からの復興のために実施する施策の財源を調達するための復興債、2012年度、2013年度は基礎年金国庫負担2分の1を実施する財源を調達するための年金特例公債を除いている。
出所：内閣府HP。
　　　http://www5.cao.go.jp/keizai-shimon/kaigi/minutes/2013/0422/sankou_04.pdf

---

[6]　一般会計の歳出金額に占める、国債発行による収入金額の割合を、国債依存度という。景気が後退して税収が増えないにもかかわらず、財政政策として公共投資等の歳出を増やすなどすると、国債発行に頼らざるをえない。よって国債依存度は上昇する。

3.2 財政赤字の問題点

国債発行によって財政赤字が拡大されると、次のような問題を生じることになる。

第1に、国債の償還および利払費の増大という国債費の増加を招き、財政の本来の機能である資源配分機能が十分に発揮できなくなる。

とくに少子・高齢化社会では、年金・医療・福祉などの社会保障関係費の増加に対して十分な対応ができなくなるなど、経済状況の変化に対して財政面からの適切な対応が難しくなる。これを財政の硬直化という。財政が硬直化すると、景気調整機能の面でも支障が出てくる。

第2は世代間の不公平である。国債は建設国債と特例国債が発行されている。このうち、一般に建設国債については土木・建設などに関する社会資本が将来に残るので、元利支払義務は、現代世代と将来世代で負担すべきものと考えられている。通常、こうした社会資本の平均耐用年数は60年とみられており、60年償還ルールが採用されている。

これに対して、特例国債（赤字国債）[7]は経常経費に充てられるために、将来に何の利益も与えない。それゆえ、国債によって賄われた経費だけが将来世代の負担として残されることになる。

さらに、財政赤字の拡大は、国内だけでなく外国との関係にも影響を及ぼす。1998年11月にアメリカの格付会社ムーディーズ・インベスターズ・サービスが日本の国債を最上級のAaa（トリプルA）から1ランク下のAa1（ダブルA）に格下げすると発表した。

そのとき、ムーディーズ社は格下げの理由として、景気低迷が長引き日本経済の先行きに不透明感が高まったことや、緊急経済対策などで財政赤字が膨らみ、財政・金融面での弱体化がみられることを理由にあげた。国債の格下げにより国際的信用が低下すると、外国の金融機関や投資家が日本の国債

---

[7] 税収等の収入で、政府の必要経費（経常経費）に足りない（赤字の）ときに、財政法によらず、その時々に国会の決議で特例法を成立させて発行し資金を調達する国債を、特例国債という。

を買おうとしなくなり、国債発行による資金調達が難しくなる恐れが出てくる。

3.3 財政破綻の可能性

　財政赤字が拡大していくと、財政が破綻するかもしれない。政府が財政赤字を賄うために国債を発行することは、民間部門からの借金にほかならない。そこで、もし財政赤字が膨大になり、政府の国債償還[8]が確実に行われる可能性が低下する場合には、国債を保有する民間部門はそうしたリスクを考慮して高い金利がなければ購入しない。

　金利が高くなると国債費の増加となり、それがまた新たな国債発行の必要性を生み出す。つまり、借金返済のためにさらに高利の借金が行われるということになる。また、こうした危険が高まると、誰も政府の国債を保有しなくなる可能性も出てくる。こうなった場合、まさに財政は破綻することになる。

　我が国の場合、たしかに財政赤字が巨額になっているが、現状では国債は市場においてきわめて低い金利で投資家に買われている。実際には銀行をはじめとして、民間部門が低い金利でも国債を需要しており、その意味で財政破綻は生じていない。

---

8) 国の借金である国債が、あらかじめ決まっていた返済期日（償還日）に達したときに、元金を国債の保有者に返済すること。

終章
日本のマクロ経済の展望と課題

失われた20年　2002年後半になると、日本の景気が回復し始めた。これは改革開放政策の実施以来、経済発展が進み高度経済成長を始めた中国と、住宅バブルで景気が良くなったアメリカが、日本の製品を輸入し日本の外需が増加したためである。

　しかし、2008年のリーマン・ショックから世界金融危機が発生し、日本の景気は急激に悪化した。さらに2011年3月の東日本大震災は、原子力発電所の事故も含め日本経済に大打撃を与えた。よって、それまでの失われた10年に加え、世界金融危機以降も含めて失われた20年といわれることがある。

デフレからの脱却　人々の消費を増やすにはどうしたらよいのだろうか。まず、将来への不安が原因であるため、人々は収入があっても貯蓄に回し消費を増やさない。よって、将来性のある計画や見通しをはっきりと人々に示すことが重要となる。

　また、インフレ期待（⇒第8章3.1）も重要である。人々が、将来はインフレになると予想すると、その前にモノを買おうとして消費が増えることになる。

　しかし、現実には人々の間にはデフレ期待がある。すると、人々は急いでモノを買う必要性を感じるどころか、後で買ったほうが値段が下がる可能性

を考えるので買い控えを行う。すると、ますますデフレになるという悪循環（デフレ・スパイラル）に陥る。よって、一度デフレに陥ると、なかなか止まらなくなる。

実感なき景気回復　2002年後半以降の景気回復の原因が、中国やアメリカを中心とした輸出だったため、景気が良くなったのは輸出関連の会社だけであった。

　日本の労働者の大半は、サービス業など日本国内で日本に住んでいる人を相手とする内需産業で働いている。したがって、外需による景気回復の恩恵を受ける人は少なかった。内需企業の賃金が上がらないことから、日本全体の労働市場における賃金が上がらず、よって輸出関連の会社も、自社の業績の向上に見合うほど賃金を上げなかった。

　そのため経済統計上は景気回復しているにもかかわらず、労働者の収入が増えないため、実感なき景気回復といわれた[1]。

　それでも、株価は上がり、以前に比べれば日本の景気も上向き始めた。新卒採用は回復し、長く冬の時代（または氷河期）といわれた学生の就職活動は明るくなった。

世界金融危機　2007年になると、アメリカの住宅バブルが崩壊し始めた。サブプライムローン問題から金融不安が起きて、大手金融機関が経営破綻の危機となった。2008年9月にアメリカの大手金融機関リーマン・ブラザーズ社が経営破綻すると、世界中が金融危機へと陥った。

　当初、サブプライムローン関連の金融商品を日本の金融機関は買っていないことから、日本経済への影響は軽微ですむと予想されていた。しかし、グローバル化が進み世界中に製品を輸出している日本は、世界中が不況となる

---

1)　経済統計上、景気回復期間は2002年2月からリーマン・ショック直前の2008年2月まで73か月に及び、戦後最長の景気回復であった。しかし、実質GDP成長率は、年1％を超えることができなかった。

と輸出が減少し、日本の景気も急速に悪化した。

　日本の雇用をみると、派遣切りや内定取り消し[2]が発生し学生の就職活動も冬の時代に戻ってしまった。企業が経営悪化したときに、派遣契約を一方的に打ち切り、派遣社員が職を失う、いわゆる派遣切りが行われた。アメリカの企業では、経営が悪化すると正規雇用社員も含めてレイオフ（一時的な解雇。経営が改善すれば戻れるが、そのまま失業することも多い）を行うが、日本企業の場合は、まず残業時間等を短くし、それでも費用を削減しなければならなくなると派遣社員やパートなど非正規社員を解雇し、それでも足らないと正規社員を解雇するという段階をおってリストラを行う。

　そこで世界中の中央銀行が金融緩和政策を行い、また各国政府が大手金融機関に公的資金を投入する[3]などして、事実上、債務の肩代わりをして2009年には世界金融危機は収束に向かった。

　アメリカの中央銀行であるFRBは、サブプライムローンを含む証券化商品などを担保として銀行に資金を供給した。伝統的な金利を低下させる金融緩和政策に対して、銀行に資金を供給することから量的緩和政策（QE: Quantitative Easing）といわれる。

　しかし、金融機関の損失は消えたのではなく、政府や中央銀行に移転されただけだった。よって、政府や中央銀行の信用力に疑問がもたれるようになり、中央銀行が発行する通貨の信用力が低下した。

欧州通貨危機　2009年にギリシャ危機[4]が発生したことをきっかけに、2010年には、欧州通貨危機（欧州ソブリン危機[5]ともいう）が発生した。これは、ヨーロッパの統一通貨であるユーロを支える制度の矛盾が表面化した

---

2) 企業が主に新卒の求職者に対して内定を出したにもかかわらず、これを破棄して入社させないことを内定取り消しという。とくに、予想もできないほど急激に景気が後退して、多くの企業の業績が一斉に業績悪化したときには多く発生し、かつ、内定取り消しを行った企業がその後倒産することも多く、大きな社会問題となった。

3) 政府が大手金融機関の新しく発行する株式を税金で購入して資本金を供給したり、中央銀行がサブプライムを組み入れた問題のある金融商品を買い取ったりした。

ために発生した。

　アメリカや人口が10億人を超える中国やインドに対して、ヨーロッパは小国の集まりである。そこでヨーロッパを統一し、アメリカや中国に対抗しようという運動が第二次世界大戦以降続いていた。

　まず関税を廃止し、次に通貨を統合して金融政策を一元化した。将来的には国も統一して財政政策も統一しようとしている。すなわち、ヨーロッパは段階的に統一を進めている最中である。

　統一通貨ユーロを支える制度の矛盾とは、移行期であるため金融政策は統一されているが財政政策は統一されていないということである。もしも、ヨーロッパ各国の財政が統一されていたらどうなるか。日本にたとえてみよう。

　東京は大手企業の本社が集中している。大手企業は本社がある自治体に納税するため、東京への納税額が多く、地方は企業からの納税額が少ない。しかし、大手企業は地方の県でも利益をあげている。よって、統一された財政がある日本は、東京で納税された税金を地方にも分配入することができる。

　しかし、いまだ財政が統一されていないヨーロッパでは、そうはいかない。ユーロ統合で一番利益をあげたのはドイツ企業である。ドイツ企業はヨーロッパ各国で利益をあげているが、納税は主にドイツに行う。よって、ドイツはたくさん税金を得るが、他国は税金を少ししか得られない。しかし、ヨーロッパでは、国が独立して財政が統一されていないため、ドイツから他国へ税金を回す制度がない[6]。

---

4) ギリシャ危機とは、2009年10月に政権が交代したことで、それまで公表されていた財政赤字が、実際はもっと大きかったことが明らかになったことに始まる一連の経済危機をいう。
5) ソブリンとは、本来権力を表し、転じて政府や中央銀行の信用力を示す。世界金融危機によって金融機関が被った損失を、中央銀行や政府が肩代わりしたことから、政府や中央銀行および統一通貨ユーロの信用が揺らぎ金融危機に陥った。
6) もし、ドイツから他国に資金援助を行おうとすると、ドイツ国民は自分たちの税金を、なぜ他国に回すのかと、時の政権が支持を得られなくなるため、積極的な援助が政治的に困難である。

円高デフレ　リーマン・ショックやギリシャ危機により、ドルやユーロの価値が急落したため、円の価値が相対的に上がった。また、2011年3月の東日本大震災によっても円高が進行した。

その国の通貨は、その国の経済力の象徴である。経済力が高まると、その国の通貨は高くなる。しかし、この失われた20年の間、日本経済は悪かったにもかかわらず円高が進行し、円高がデフレをさらに深刻にした。円高になると、エネルギーや資源を輸入に頼る日本にとって、輸入物価が下がりデフレが進行してしまう。

しかし、2010年春に日銀総裁が交代すると、大胆な金融緩和政策がとられた。円安が進行し、それまで日本経済を苦しめていたデフレの大きな原因であった円高が解消され始めた。

参考文献

青木達彦『金融脆弱性と不安定性——バブルの金融ダイナミズム』日本経済評論社、1995 年
石橋春男、関谷喜三郎『入門マクロ経済学』税務経理協会、2000
石橋春男、関谷喜三郎『マクロ経済学』創成社、2010
石橋春男、関谷喜三郎、河口雄司『はじめて学ぶ経済学』慶應義塾大学出版会、2008 年
石橋春男、高木信久、橋口宏行『よくわかる！ ファイナンス入門』慶應義塾大学出版会、2014 年
石橋春男、橋口宏行監修／岩谷貴久子、古川智子翻訳／中国人民大学国際通貨研究所版『人民元——国際化への挑戦』科学出版東京、2013 年
岩井克人『貨幣論』筑摩書房、1998 年
岩井克人『二十一世紀の資本主義論』筑摩書房、2006 年
大村敬一、浅子和美、池尾和人、須田美矢子『経済学とファイナンス』東洋経済新報社、2004 年
翁邦雄『日本銀行』筑摩書房、2013 年
P. クルーグマン著／伊藤隆敏監訳／北村行伸、妹尾美起訳『経済政策を売り歩く人々——エコノミストのセンスとナンセンス』筑摩書房、2009 年
P. クルーグマン著／大山道広他訳『マクロ経済学』東洋経済新報社、2009 年
香西泰、白川方明、翁邦雄『バブルと金融政策——日本の経験と教訓』日本経済新聞社、2001 年
小室直樹『資本主義原論』東洋経済新報社、1997 年
小室直樹『経済学をめぐる巨匠たち』ダイヤモンド社、2003 年
島田晴雄『日本再浮上の構想』東洋経済新報社、1997 年

鈴木淑夫『日本経済の再生——バブル経済を超えて』東洋経済新報社、1992 年
竹中平蔵『構造改革の真実——竹中平蔵大臣日誌』日本経済新聞社、2006 年
東京大学社会科学研究所編『「失われた 10 年」を超えて Ⅰ：経済危機の教訓』
　　東京大学出版会、2006 年
中谷巌『痛快！　経済学』集英社、2002 年
日本経済新聞社編『経済学の巨人　危機と闘う——達人が読み解く先人の知恵』
　　日本経済新聞社、2012 年
B. バーナンキ著／高橋洋一訳『リフレと金融政策』日本経済新聞社、2004 年
浜田宏一、若田部昌澄、勝間和代『伝説の教授に学べ！　本当の経済学がわかる
　　本』東洋経済新報社、2010 年
浜野潔、中村宗悦、岸田真、牛島利明、永江雅和、井奥成彦『日本経済史 1600-
　　2000』慶應義塾大学出版会、2009 年
M. フリードマン著／村井章子訳『資本主義と自由』日経 BP 社、2008 年
前田章『はじめて学ぶ経営経済学』慶應義塾大学出版会、2013 年

索引

あ
赤字国債　*135-137*
アナウンスメント効果　*100*
アニマル・スピリット　*38, 39*
安定成長　*74*

い
いざなぎ景気　*76, 83*
一物一価の法則　*104*
一致系列　*87*
一般歳出　*132, 133*
岩戸景気　*76, 83*
インフレーション　*44, 89, 93, 96, 119, 120*
　——期待　*98, 139*
　——・ターゲット　*120*

う
失われた20年　*139*

え
円借款　*55*
円高デフレ　*143*
円高不況　*108*

お
欧州通貨危機　*141*
OPEC（石油輸出国機構）　*97*
オリンピック景気　*76, 85*

か
外貨　*51, 112*
　——準備高　*82*
外国貿易乗数　*58*
外需　*6, 7, 17, 23, 45, 75, 139, 140*
　——主導　*23*
価格　*iv, 4, 63*
　——破壊　*126, 127*
家計　*64, 92*
貸し渋り・貸し剝がし　*122, 123*
加重平均　*90*
可処分所得　*31, 33, 46*
株式　*38, 113*
　——市場　*4, 113*
　——配当　*30*
貨幣　*63, 65, 68, 114*
　——供給量　*68, 119*
　——市場　*63, 64*
　——需要　*63, 65, 67*
　——数量説　*119*
　——流通速度　*119, 120*

下方硬直性　130
為替
　　——レート（為替相場）　45, 52, 59–62, 74, 101–105, 107, 126
　　——リスク　104
関税　45
間接税　26
完全失業率　127
管理通貨制度　114

き

企業　6, 14, 35, 44, 64, 77, 112
　　——物価指数　92
基軸通貨　101
技術革新・技術進歩　7, 85
基準貸付利率　118
基準年　91, 92
基準割引率　118
帰属家賃　15
基礎消費　26, 27, 29
基礎的輸入　57
期待インフレ率　99, 100
キチン（J. A. Kitchin）　77
　　——循環　77–79
逆輸入　126, 127
キャピタルゲイン　30
供給　4–7, 18, 60, 63
狂乱物価　97
寄与度　22, 23
ギリシャ危機　141–143
均衡国民所得　40, 57
均衡予算乗数の定理　47, 48
金融
　　——緩和政策　68, 111, 112, 116, 119, 122, 141, 143
　　——機関　iv, 113, 125, 137, 140
　　——危機　4, 125, 139, 140
　　——再生プログラム　123
　　——自由化　112, 113, 118

　　——収支　53–56
　　——政策　5, 38, 68, 75, 95, 116, 142
　　——引き締め政策　68, 82, 98, 100
金利　iv, 38
　　——平価説　104
近隣窮乏化政策　45

く

クールノー（A. Cournot）　3
クズネッツ（S. S. Kuznets）　29, 84
　　——循環　84
　　——の波　29
グローバル化　125

け

景気　iii, 1, 5, 11, 26, 29, 35, 43–46, 60, 68, 74, 132
　　——動向指数　86, 87
　　——循環　29, 30, 73, 74, 76
　　——循環論　77, 81
　　——調整機能　137
　　——引き締め　44
　　——変動　23, 30
経済成長　73, 89
　　——率　iii, 19, 23, 73
経常収支　53–57, 82, 105, 106
ケインズ（J. M. Keynes）　3–5, 7, 26, 65, 134
　　——型消費関数　26, 29, 31, 134
　　——経済学　4
限界革命　3
限界消費性向　26, 28, 29, 33, 40, 41, 47, 58, 134, 135
限界貯蓄性向　31–33, 41
限界輸入性向　57, 58
減税　44, 105, 131
建設国債　137
建設循環　84
ケンブリッジ方程式　119

こ

公開市場操作　117
公共事業・公共投資　7, 8, 43, 44, 47, 64, 131, 132
公示価格　121, 122
恒常所得仮説　30
構造的失業　128
公定歩合　119
公的資金投入　123, 141
高度経済成長　51, 73, 74, 76
購買力平価説　104
効用価値説　3
国債　45, 56, 117, 131, 137
　──依存度　136
　──償還　137, 138
　──の格下げ　137
　──費　132
国際収支　52, 82
　──統計　52
　──の不均衡　107
　──表　52, 53, 56
国際通貨基金（IMF）　102
国内総支出　17, 18
国内総生産（GDP）　11-18, 23, 26, 35, 73
国富論　2
国民経済計算（SNA）　11, 15
国民所得（NI）　18, 26, 39, 40, 44, 46, 58, 69, 135
国民総生産（GNP）　12
誤差脱漏　53, 56
コスト・プッシュ・インフレーション　98
固定為替相場制　102, 103, 108
固定資産税　48, 121
固定資本減耗　26
古典派経済学　2, 45
雇用　6, 44, 87, 126, 141
　──、利子および貨幣の一般理論　5, 26

コンドラチェフ（N. D. Kondratiev）　85
　──循環　85
コンポジット・インデックス（CI）　88

さ

サービス収支　54
財・サービス　1, 6, 11, 13, 25, 119
債券　38, 65-67
在庫　18, 36, 78
　──循環　77
　──調整　79, 82
　──投資　36
最終生産物　16
財政　131, 132
　──赤字　106, 131, 136-138, 141
　──支出　132
　──収支　135
　──政策　5, 8, 43, 95, 131, 142
　──政策の効果　134
　──の硬直化　137
　──破綻　138
サブプライムローン　140, 141
サミュエルソン（P. A. Samuelson）　96
産業革命　1, 3, 64
産業空洞化　126
三種の神器　82
三面等価の原則　16, 17

し

GDP → 国内総生産
　──デフレーター　20-22, 92
ジェヴォンズ（W. S. Jevons）　80
自家消費　15, 16
資金　38
　──循環　63, 64
　──調達　38, 64, 68, 113, 138
　──不足主体　64
　──余剰主体　64
資源配分機能　137

自己資本　　14
資産　　14, 25, 53
　　──価格　　111, 113
　　──効果　　113
　　──選択　　65
市場　　2, 6, 7, 18, 68
実感なき景気回復　　140
失業　　1, 2, 125, 128
　　──者　　iii, 4, 127
　　──率　　iv, 5, 95, 98, 126
実質 GDP　　19–21
実質経済成長率　　21
実質値　　20
実質賃金　　129, 130
実質利子率　　100
自発的失業　　128
支払準備率　　114
資本　　13, 36, 37
　　──移転等収支　　53, 55
　　──収支　　54
　　──の限界効率　　37, 38
社会資本　　132, 137
社会保障関係費　　132, 137
住宅投資　　36
住宅バブル　　139, 140
自由放任主義　　2, 5
ジュグラー循環　　80–82
需要　　4–6, 18, 45, 60, 63, 77, 129
準備預金額　　115
シュンペーター（J. Schumpeter）　　3, 77, 81, 85
乗数　　39–41, 49
　　──効果　　39, 46, 48, 132
消費　　iii, 6, 16–18, 25–31, 39, 45, 121, 126, 132, 134, 139
　　──関数　　26, 29, 39, 46, 48
　　──関数論争　　29
　　──支出　　15, 26, 31, 44
　　──者　　iv, 6, 25

　　──者物価指数　　92, 93
　　──税　　125
所得　　iii, 6, 13, 16, 25–31, 44, 47, 64, 132
　　──収支　　54, 55
　　──税　　132
新古典派経済学　　3
新三種の神器　　83
神武景気　　76, 82
信用
　　──乗数　　115–117
　　──創造　　114, 115

す

スタグネーション　　98
スタグフレーション　　98, 105
ストック　　14, 37
スミス（A. Smith）　　2

せ

税金　　16, 17, 31, 43, 44
生産　　iii, 1, 6, 16, 18
　　──効率　　132
　　──設備　　7, 37
　　──能力　　36, 132
　　──要素　　12, 37
政府　　2, 7, 43, 45, 64, 95, 131, 141
　　──支出　　6–8, 17, 18, 43, 45–49
　　──支出乗数　　46, 48
　　──・対家計民間非営利サービス　　16
石油危機　　89, 93, 97–99, 101
世代間の不公平　　137
絶対所得仮説　　26
設備投資　　36–38, 64, 112
　　──循環　　80
ゼロ成長　　19
先行系列　　86

そ

総供給　　6, 7, 18, 46, 57

総需要　6, 18, 26, 39, 44-46, 49, 57, 68, 132, 134
増税　48, 131
相対所得仮説　29
租税　46-49
　　――関数　48
　　――乗数　47
損益計算書　14

た

対外純資産　55
貸借対照表　14
太陽黒点説　80

ち

遅行系列　88
地方交付税交付金　132
中央銀行　5, 95, 100, 113-116, 141
中間生産物　16, 26
中小企業　38, 113, 121
中東戦争　89
長期雇用　126
朝鮮戦争　74, 103
貯蓄　16, 27, 31, 56, 64, 135, 139
賃金　iii, 64, 126, 129, 140
　　――上昇率　95
　　――率　75, 130

つ

通貨　iv, 59, 63
　　――乗数　115
　　――の信用力　141

て

ディフュージョン・インデックス（DI）　86
ディマンド・プル・インフレーション　94
手形　117, 118

鉄のカーテン　125
デフレーション　74, 94, 120, 125, 139
　　――期待　139
　　――・スパイラル　94, 140
デモンストレーション効果　30
デューゼンベリー（J. Duesenberry）　29
転換社債　113

と

トイレットペーパー騒動　97
投機的動機　65, 67
投資　6, 17, 35, 39, 44, 68, 112, 121, 134
　　――家　137, 138
　　――が投資を呼ぶ　81
　　――収支　55
　　――乗数　39, 135
東証株価指数　86
特需　74
特例国債　137
取引動機　65, 67
ドルペッグ制　108

な

内需　6, 17, 23, 26, 35, 45, 107
　　――産業　140
　　――主導　23
なべ底不況　82
南海泡沫事件　111

に

ニクソン・ショック　103
日米貿易摩擦　105
日本銀行　52, 68, 75, 102, 111, 116-118

ね

年功序列型賃金　126

は

パーシェ式　91, 92

ハイパワードマネー → マネタリーベース
派遣社員　141
バスケット　90
バブル景気　111, 125
バブル崩壊　121, 131, 134
パレート（V. Pareto）　3

ひ

東日本大震災　139, 143
ピグー（A. C. Pigou）　3
　――効果　29
非正規雇用社員　141
ビッグマック指数　61
非自発的失業　129
ビルト・イン・スタビライザー　49, 132
フィスカル・ポリシー　132

ふ

フィッシャー（I. Fisher）　119
　――の交換方程式　119
フィリップス（A. W. Phillips）　95
　――曲線　95, 96, 98
付加価値　11, 13, 16
負債　14, 45, 53
双子の赤字　106
物価　5, 20, 61, 89, 98, 119, 129
　――指数　iv, 89, 91, 92
　――上昇率　90, 96, 100
　――水準　119
プラザ合意　106, 111
ブラックサーズデー　4
不良債権　121–123
ブレトン・ウッズ体制　102, 103
フロー　14
分配　16, 18
　――国民所得　17

へ

平均消費性向　27–32

平均貯蓄性向　31, 32
ベースマネー → マネタリーベース
ベトナム戦争　103
ベルリンの壁　112, 125
変動為替相場制　103–105
変動所得　30

ほ

貿易　101, 105
　――収支　54, 58, 59, 105
　――乗数　57
　――摩擦　45, 62, 106, 108
法定準備率　115–117
補助金　26

ま

マーシャル（A. Marshall）　3
　――の k　120
マイナス成長　19
摩擦的失業　128
マネーサプライ　111
マネーストック　113–120, 122
マネタリーベース　113, 114, 117

め

名目 GDP　19–21, 120
名目経済成長率　21
名目値　20
名目賃金　129, 130
名目利子率　99

や

夜警国家　2
家賃　15, 27, 36

ゆ

有効需要　7, 68
輸出　6, 17, 18, 39, 45, 51, 57, 60, 75, 112
ユニクロ現象　127

索引　153

輸入　　6, 17, 18, 39, 45, 51, 57, 60, 75
　　――誘発係数　　59
　　――誘発効果　　57

よ

要素所得　　12, 13
預金証書　　114
予想限界効率　　39
予備的動機　　65, 67

ら

ライフサイクル仮説　　31
ラスパイレス式　　91, 92
ラチェット効果　　30

り

リーマン・ショック　　51, 139, 140, 143
利子　　iii, 38, 54, 66, 69
　　――率　　37, 38, 63, 65-69, 75, 112, 116, 118
リストラ　　130

流動性のわな　　69
量的金融緩和（QE）　　141

る

累進課税　　132

れ

レイオフ　　141
冷戦　　112, 125
レッセフェール → 自由放任主義

ろ

労働　　13
　　――価値説　　3
　　――市場　　129, 140
　　――力人口　　127, 128
60年償還ルール　　137

わ

ワルラス（L. Walras）　　3

著者紹介

石橋　春男（いしばし　はるお）
松蔭大学経営文化学部教授、同大学大学院経営管理研究科教授
1967年早稲田大学第一政治経済学部卒業、72年同大学大学院商学研究科博士課程修了。大東文化大学環境創造学部教授、日本大学商学部教授等を経て現職。
主要業績に、『消費経済理論』（「消費経済学体系」第1巻、編著、慶應義塾大学出版会、2005年）、『マクロ経済の分析』（共著、慶應義塾大学出版会、2010年）、『環境と消費者』（「入門　消費経済学」第3巻、編著、慶應義塾大学出版会、2010年）、『よくわかる！　ファイナンス入門』『よくわかる！　ミクロ経済学入門』（ともに共著、慶應義塾大学出版会、2014年）他多数。

橋口　宏行（はしぐち　ひろゆき）
有限会社SRN代表取締役、証券アナリスト
1984年明治大学法学部卒業、大和証券投資信託販売㈱（現三菱UFJモルガンスタンレー証券）勤務等を経て現職。2007年大東文化大学大学院経済学研究科修士課程修了。日本証券アナリスト協会検定会員。
主要業績に、『人民元——国際化への挑戦』（監修、科学出版社東京、2013年）、『よくわかる！　ファイナンス入門』『よくわかる！　ミクロ経済学入門』（ともに共著、慶應義塾大学出版会、2014年）、「資産市場における価格変動リスクの増大」（『日本消費経済学会年報』第31集、2010年）他多数。

河口　雄司（かわぐち　ゆうじ）
一般財団法人運輸調査局研究員、日本大学商学部非常勤講師、東洋大学非常勤講師
2001年大東文化大学経済学部卒業、2006年同大学大学院経済学研究科博士課程単位取得。
主要業績に、『マクロ経済理論——ショート・コース』（共訳、学文社、2004年）、『環境と消費者』（「入門　消費経済学」第3巻、共著、慶應義塾大学出版会、2008年）、『マクロ経済学』（共訳、成文堂、2009年）、『現代経済分析』（共著、創成社、2010年）他多数。

よくわかる！　マクロ経済学入門

2015 年 5 月 8 日　初版第 1 刷発行

著　者─────石橋春男・橋口宏行・河口雄司
発行者─────坂上　弘
発行所─────慶應義塾大学出版会株式会社
　　　　　　　〒108-8346　東京都港区三田 2-19-30
　　　　　　　TEL　〔編集部〕03-3451-0931
　　　　　　　　　〔営業部〕03-3451-3584〈ご注文〉
　　　　　　　　　〔　〃　〕03-3451-6926
　　　　　　　FAX　〔営業部〕03-3451-3122
　　　　　　　振替　00190-8-155497
　　　　　　　http://www.keio-up.co.jp/
装　丁─────辻聡
印刷・製本────株式会社理想社
カバー印刷────株式会社太平印刷社

　　　　　　　©2015 Haruo Ishibashi, Hiroyuki Hashiguchi, Yuji Kawaguchi
　　　　　　　Printed in Japan　ISBN978-4-7664-2151-4

慶應義塾大学出版会

よくわかる！ファイナンス入門

石橋春男・髙木信久・橋口宏行 著

お金の不思議を探究する！
貨幣の歴史から証券会社・銀行の役割、金融商品の仕組み、そして近年の金融政策の目的や背景まで、ファイナンスを知るための基礎知識を厳選し、やさしく解説した「超」入門テキスト！

A5判／並製／172頁
ISBN 978-4-7664-2125-5
◎1,800円　2014年4月刊行

◆主要目次◆

序　章　ファイナンスとは

第1部　貨幣
第1章　お金とは何か
第2章　貨幣の機能
第3章　貨幣の歴史

第2部　金融システム
第4章　銀行の信用創造と通貨制度
第5章　金融取引と金融機関
第6章　金融商品
第7章　短期金融市場
第8章　資本市場と証券会社の業務
第9章　デリバティブ取引とその影響

第3部　金融政策
第10章　マネーストックと金融政策
第11章　中央銀行と金融政策
第12章　日本の金融と政策の歴史
第13章　日本の金融自由化

表示価格は刊行時の本体価格（税別）です。

慶應義塾大学出版会

よくわかる！ミクロ経済学入門

石橋春男・橋口宏行・中藤和重 著

市場の不思議を科学する！
現実経済と経済学の発展の歴史から、市場の仕組みと働き、そして喫緊の政策課題まで、経済学を学ぶ人に必須の基礎知識を厳選し、やさしく解説した「超」入門テキスト！

A5判／並製／176頁
ISBN 978-4-7664-2137-8
◎1,800円　2014年4月刊行

◆**主要目次**◆

序　章　経済学とは

第1部　市場と価格
　第1章　市　場
　第2章　商　品
　第3章　消費者
　第4章　生産者

第2部　需要と供給
　第5章　需要と需要量
　第6章　供給と供給量
　第7章　弾力性
　第8章　市場均衡
　第9章　最適資源配分

第3部　市場の失敗
　第10章　独　占
　第11章　情　報
　第12章　公共財
　第13章　環境のミクロ分析

表示価格は刊行時の本体価格（税別）です。

慶應義塾大学出版会

入門 消費経済学シリーズ（全6巻）　　〈本文2色刷〉

1 経済と消費者
嶋村紘輝・酒井徹編著　「賢い消費者」のための新経済学シリーズ第1巻。価格の決定、労働、所得と消費の関係、ブランドと消費者心理、食生活、経済成長など、身近な問題から経済理論の基礎知識までをとことん平易・明快に解説。　◎2,400円

2 金融と消費者
関谷喜三郎・関川靖編著　金融システムや金融政策の基本的なしくみと役割を説明し、さらに消費、貯蓄、借入など消費者の金融活動と経済とのかかわりを身近な問題を取り上げて丁寧に解説する。消費者の視点で考える新しい金融論。　◎2,200円

3 環境と消費者
石橋春男編著　「環境にやさしい消費者」になるための超入門テキスト。地球温暖化問題、廃棄物処理、化学物質など、今日きわめて関心の高い環境問題について、消費生活への影響、消費者の役割などを体系的に解説する。　◎2,200円

4 法と消費者
西村多嘉子・藤井千賀・森宮勝子編著　さまざまな消費者問題・消費者トラブルと法制度・行政政策との関係を体系的かつ平易に解説した画期的テキスト。歴史的経緯を丁寧に紹介するとともに、消費者庁創設を含めた最新の情報までを豊富に取り込む。◎2,400円

5 マーケティングと消費者
朝岡敏行編著　マーケティングの誕生から発展への歴史、4Pなどマネジリアル・マーケティングの基礎知識、そして情報技術革新・法令遵守・環境保護など最新の課題までを網羅した超入門テキスト。　◎2,900円

6 流通と消費者
岩永忠康・佐々木保幸編著　流通の役割や消費者との関わり、流通のメカニズムと実態、出店調整・競争・まちづくりなど政府による流通政策の意味と変容、そして消費者に与える影響などをわかりやすく解説。消費者の視点から考える新しい流通論。◎2,400円

表示価格は刊行時の本体価格（税別）です。